Ferdinand Fricke

Über die Chanson de Godin

Ferdinand Fricke

Über die Chanson de Godin

ISBN/EAN: 9783744605335

Hergestellt in Europa, USA, Kanada, Australien, Japan

Cover: Foto ©Thomas Meinert / pixelio.de

Weitere Bücher finden Sie auf **www.hansebooks.com**

Über die
Chanson de Godin.

Inaugural-Dissertation

zur

Erlangung der Doktorwürde

bei der

hohen philosophischen Fakultät der Universität Marburg

eingereicht von

Ferdinand Fricke

aus Bredelem.

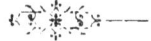

MARBURG.
Buchdruckerei Oscar Ehrhardt.
1891.

Herrn

Professor Dr. Edmund Stengel

in

Verehrung und Dankbarkeit

gewidmet.

Einleitung.

Die in der Turiner Hs. L. 14. Bl. 401—460 enthaltene Chanson de Godin (cf. Stengel: Mitteilungen aus altfranzösischen Handschriften der Turiner Universitätsbibliothek, S. 31), bislang unedirt und mir in einer 10524 (8424*—18947) Verse zählenden Kopie vorliegend, die Herr Professor Stengel angefertigt und mir gütigst zur Verfügung gestellt hat, bildet den Gegenstand vorliegender Arbeit.

Dieselbe bezweckt in erster Linie zu untersuchen, ob die Vermutung Schweigel's (Schweigel: Ausgaben und Abhandlungen LXXXIII § 176 sagt: „Da der mir vorliegende Anfang der Chanson de Godin (8424—78) lyrische Reihenschlüsse und scharfe Enjambements nicht aufweist, müssen wir die Chanson de Godin für's erste unserm zweiten Dichter absprechen. Hingegen liegt es nahe, anzunehmen, dass unser zweiter Dichter identisch ist mit dem Verfasser des Roman d'Auberon, da für diesen lyrische Reihenschlüsse und scharfe Enjambements charakteristisch sind") über das Verhältnis der Chanson de Godin und des Roman d'Auberon zu dem zweiten Dichter der Chanson d'Yde et Olive sich begründen, respektive widerlegen lässt, sodann eine Inhaltsangabe der bislang unbekannten Chanson de Godin folgen zu lassen.

Bezüglich des Inhalts der Chanson de Godin sei bemerkt, dass derselbe wesentlich Interessantes nicht bietet; denn er besteht bis v. 18088 grösstenteils aus der Schilderung einer Reihe von Schlachten und Kämpfen, die vermöge ihrer Eintönigkeit geradezu ermüdend und abstossend wirkt. Nur am Schlusse mit v. 18088 begegnen inhaltreichere Episoden, ähn-

---

*) Ich setze die Zählung der Chanson d'Yde et Olive fort (cf. Ausg u. Abh. LXXXIII S. 173). Infolge eines leider erst zu spät entdeckten Versehens ist sie aber mit 8424 statt mit 8421 fortgesetzt.

lich denen, wie sie in den ersten drei Fortsetzungen von Huon de Bordeaux sich vorfinden.

Hinsichtlich der Frage der Verfasserschaft kommen dagegen namentlich gewisse metrische Eigentümlichkeiten in Betracht, die nicht wenig geeignet sind, Interesse hervorzurufen und so eine Entschädigung für den so verwaschenen Inhalt der Chanson bieten. Unser Gedicht zeigt nämlich, wie die andern in Frage kommenden Erweiterungen der Chanson de Huon de Bordeaux, von v. 8489—18045 Mischung von lyrischen und epischen Reihenschlüssen, eine Erscheinung, die, wie Herr Prof. Stengel in seiner Vorlesung über romanische Metrik betont, den französischen Nationalepen im Allgemeinen fremd ist und bislang nur im Roman d'Auberon und in dem zweiten Teile der Chanson d'Yde et Olive vorliegt.

Da nun aber die Mischung von lyrischen und epischen Reihenschlüssen in der Chanson d'Yde et Olive nicht als ursprünglich zu betrachten ist (cf. Ausg. u. Abh. LXXXIII, S. 74), so muss sich uns die Frage aufdrängen, ob die Mischung in der Chanson de Godin und dem Roman d'Auberon nicht auch als sekundär anzusehen ist.

Es kann nach den bisherigen Ausführungen nun leicht den Anschein haben, als ob die Chanson de Godin (bis v. 18059) und der Roman d'Auberon ohne weiteres dem zweiten Bearbeiter der Chanson d'Yde et Olive zuzuschreiben seien, während der Schluss der Chanson de Godin (v. 18060—18947), der keine lyrischen Reihenschlüsse enthält, einem anderen Verfasser zukomme. Die Frage ist jedoch nicht so einfach, da das Verhältnis von lyrischen und epischen Reihenschlüssen in verschiedenen Teilen nicht das gleiche ist. Ich verweise hier auf die §§ 57—63 u. 163—167.

Literargeschichtlich ist die Chanson de Godin namentlich insofern von Bedeutung, als die Resultate unserer Ausführungen in Bezug auf ihren Verfasser und ihre Ueberarbeiter einen recht deutlichen Einblick gewähren, wie der ursprüngliche Sagenstoff von Huon de Bordeaux sich allmählich erweiterte, wie der einleitende Roman d'Auberon z. B. erst entstand, als die eigentliche Chanson d'Huon de Bordeaux bereits mehrere Fortsetzungen erhalten hatte.

Zur möglichst genauen Vergleichung der Chanson de Godin und des Roman d'Auberon mit dem zweiten Teile der Chanson d'Yde et Olive lassen wir eine Darstellung des Metrums und der Sprache beider Dichtungen folgen, welche in derselben Weise, wie Schweigel sie von den drei ersten Fortsetzungen von Huon de Bordeaux geliefert hat, angeordnet ist.

Zuvor aber sei mir noch gestattet, meinem hochverehrten Lehrer Herrn Prof. Dr. E. Stengel auch an dieser Stelle meinen tiefgefühltesten Dank auszusprechen, sowohl für freundliches Ueberlassen seiner Kopie der Chanson de Godin als für sein liebenswürdiges Entgegenkommen und seinen gütigen Rat zu jeder Zeit.

I. Ueberlieferte Mundart der Chanson de Godin und des Roman d'Auberon.

Die Niederschrift von v. 8424—16884 der Chanson de Godin rührt nach Mitteilung von Herrn Professor Stengel von dem bei Schweigel (cf. Ausgaben und Abhandlungen LXXXIII S. 4) mit B bezeichneten Kopisten, die des anderen Teils sowie des Roman d'Auberon von dem daselbst mit A bezeichneten Kopisten her.

1. Vocale.

§ 1. Die ostfranzösische und pikardische Eigentümlichkeit, in gewissen Fällen *ai* für *a* eintreten zu lassen, zeigt B vor mouilliertem *n* z. B. *compaignons* 8772, *compaignon* 9904. Vor Palatal und Sibilant begegnet *ai* statt *a* dagegen niemals: *sage* 9383, *fare* 13649 u. s. w.

A zeigt auch im letzteren Falle *ai*: *saigement* 17189, *haire* 17821. Ebenso *Aub: compaigna* 53, *saigement* 1390, *compaignie* 1532, *Romaigne* 1735, *Bretaigne* 2034, *espairgna* 2194.

§ 2. Die Wandlung von *ai* zu *a*, die sich im Ostfranzösischen, Pikardischen und Wallonischen findet, zeigt B in: *a* 8971, *laira* 10025, *has* 10890. A und Aub weisen diese Erscheinung nicht auf.

---

*) Aub = Auberon.

§ 3. Die Endung -*aison* (ationem) geht in -*ison* über bei B in: *arestison* 9461, 9905, 13652, *pasmison* 16548, *plourison* 16549, *caplison* 16570, *matison* 16571; aber *ocoison* 10132, *occoison* 8988, *raison* 15323.
A: *arestison* 16907, dagegen *dampnaison* 16927.
Aub: *arrestison* 1649, *arestison* 2157; aber *aucoison* 1650.

§ 4. Die dem Pikardischen und Wallonischen bekannte Erscheinung, *i* für *oi* eintreten zu lassen, findet sich bei B in: *connissant* 13681, *desconnissant* 12188.
A und Aub weisen derartige Formen nicht auf.

§ 5. a statt e vor dem Tone (pikardisch u. wallonisch) hat B: *chaus* 10110, *conraes* 10718, *vaer* 12539.
A und Aub kennen solche Formen nicht.

§ 6 u. 7. Der aus pikardischen Texten bekannte Wandel von *au* zu *a* sowie der im Ostfranzösischen bekannte Einschub eines *u* nach *a* vor *l* begegnen in unseren Texten nicht.

§ 8. Verwechselung von *an* und *en* ist häufig: B: *anemis* 8763, *tans* 8960, *samble* 10024; *menger* 8662, *menga* 8663 u. s. w.
A: *anemis* 17022, *ensamble* 17136, *tante* 17712.
Aub: *tans* 635, *ensamble* 1163, *sanle* 1642, *plante* 2162, *tanta* 2322, *trambla* 2319, *landemain* 2434 u. s. w.

§ 9. Die dem Flandrisch-Artesischen und Wallonischen eigene Diphthongierung eines lat. *e* (*i*) in gedeckter Stellung findet sich bei B in: *chierf* 10807, 10819, 10849; *ciers* 10808, 10830, 10835; *iestre* 8628, 8630.
Der Kopist A zeigt die Diphthongierung nur im Aub: *pucielle* 368, *chiers* 491, 494, 511, 652, 702, 725 u. s. w., *chierf* 498, *chiercle* 663, *iestes* 2373, *iest* 2377 u. s. w.

§ 10. Das Bartsch-Mussafia'sche Gesetz hat unbedingte Geltung. Dagegen zeigt *e* statt *ie* die Futurform *ert* 8723 u. s. w.; daneben begegnet aber auch *ie* wie z. B. *iere* 15708, *iert* 9654, *ierront* 11828.

§ 11. Der für Lüttich und Artois belegte Wandel von *ie* zu *i* findet sich nur bei B: *vinge* 8674, *vingent* 9325, 10392, 10553, *vinge* 10941, 11005, 11009, 13057, *vinges* 14481.

§ 12. Die pikardische und ostfranzäsische Eigentümlichkeit *ie* = *iée* begegnet häufig.
B: *liement* 8495, *acouchie* 8582 u. s. w.
A: *joncie* 17717. Aub: *liement* 299, *lies* 408 u. s. w.

§ 13: *ecce-ille* und *ecce-iste* bewahren in unseren Dichtungen ihr *i* durchweg.

§ 14. Der Triphthong *ieu* begegnet bei beiden Kopisten; für *ieu* tritt auch häufig *iu* ein: B: *dieus* 8573, 8900, *dieu*

8923; *dius* 8484, 8547, *espius* 9516, *fius* 10572, *liu* 10595, *diu* 13800 u. s. w.

A: *lieus* 17484, *dieus* 17585, *espieus* 17613, *dieu* 17642; *lius* 16942, 16968, *fius* 17010, *espius* 17264, *mius* 17222 u. s. w.

Aub: *dieu* 21, *fieus* 698; *mius* 354, *lius* 1086, *dius* 1146, *fius* 1152, *diu* 1184, *vius* 1213, *liu* 1321 u. s. w.

§ 15. Lat. *i* vor *l* ist durch *ei*, *i* u. *e* ausgedrückt, z. B. B: *mervelles* 8773, *consel* 9105, 9140, 10755, 14395, 15452 u. s. w.; *conseil* 10860, 10949, 15419 u. s. w.; *consellier* 8518, *consellies* 10939, *umellia* 11867; *mervillant* 10348, *consilla* 10980; *esmervilla* 10638, *aparillis* (!) 10941, *mervillier* 12456 u. s. w.

A: *mervellous* 17769; *merveillier* 17240, *apareillie* 17126; *esvilla* 16992, 16993 u. s. w.

Aub: *consril* 644; *esmervilla* 76, *consillier* 99, *consilla* 100, *esvilla* 114, 1809, *esmervilla* 2206, *viellira* 16992 u. s. w.

§ 16. Im Pikardischen fiel lat. *el* + Konsonant mit *il* + Konsonant zusammen, indem beides *iau* ergab. B: *iaus* 8500, 8606, 9173, *chiaus* 8954, *biaus* 8547, 8551, *chastiax* 10403, *cerviaus* 11209.

Daneben B: *aus* 10566, 10626, *consaus* 14016. A: *chiaus* 16987, 17025, *ciaus* 17035, *iaus* 16985, 17012, *biaus* 16968; *cius* 17024, 17019; *chius* 17930; *aus* 17156. — Aub: *iaus* 284, *biaus* 1047, *nouviaus* 1295; *chius* 571, 155; *chieus* 529, *seaus* 356.

§ 17. Unbetontes *in illum* ist bei B meist durch *v* ausgedrückt: 9431, 9600, 9612, 9654, 9659 u. s. w.; daneben auch durch *ou* 8971 etc. und *el* 8451, 8473 u. s. w.

A hat immer *el*; nie begegnet *v* oder *ou*.

Aub: *v* 1765, 1917; *u* 2409; *el* 859, 903.

§ 18. Die pikardische Eigentümlichkeit *l* nach *i* vor *s* zu vokalisieren zeigt B: *fieux* 8548, *fieus* 8864, 9004, 9073, 9027 u. s. w., *gentieus* 9005; *fius* 9153, 9755, 16843, *gentius* 11179, 12430. Durch Suffixvertauschung erklärt sich *soutinement* 12602 statt *soutilement* 9864. Fälle mit Ausfall des *l* sind selten: *gentis* 9622. A hat Vokalisation: *gentius* 17427; Aub dagegen zeigt Ausfall des *l*: *gentis* 553, 621, 629, 927 u. s. w.

§ 19. Die pikardische Eigentümlichkeit, lat. -*ivus* nicht zu *is* sondern zu *ius* zu wandeln zeigt B: *hastius* 9522, 10414, *pensius* 13798, 13875, 14390, *hastiuement* 13076, 9963. Bei A ist weder in der Chanson de Godin noch im Aub eine Form für -*ivus* zu belegen.

§ 20. Für *ou* mit offenem *o* des Normanischen und Centralfranzösischen zeigt B nur selten das picardische *au* oder *eu*: *pau* 9416; *peuc* 10856, *eut* 11179.

Bei A begegnet die pikardische Form überhaupt nicht.

§ 21. *ou* mit offenem *o* aus *o* vor gedecktem *l* ist bei B, wie im Picardischen, meist durch *au* oder *eu* ausgedrückt: *causist* 8534, *vaut* 8662, *vaurent* 9477, *vaurrai* 9644, *saudee* 9886, *caup* 10236, *caus* 10246, *caupa* 10277, u. s. w.
Daneben treten auch Formen mit *o* und *ou* auf: *cop* 10224, 9398, 13353; *cox* 13326, *cous* 9833.
A schreibt meist *o*, kennt aber auch *au: tauries* 16918, *vauroit* 17185, *faura* 17190 u. s. w. Auch Aub zeigt Formen mit *au* neben solchen mit *o* und *ou: vaurra* 1582, *vaurrai* 1551, *vaures* 2124, 2387, 2390; *cop* 161, *worrai* 158, 865, *voudrai* 2418, *vorrai* 865 u. s. w.

§ 22. Wallonisches *iu* für *u* zeigt B in *perchiu* 15308, *esliut* 16740, *liut* 13074, 13086, 14450.
Aub: *aperchiut* 1469, *rechiut* 2403.

§ 23. Die ostfranzösische Eigentümlichkeit *o* anstatt *oi* zeigt B in *bos* 9787, 9855, 9988, 10014, 10284, 10376, 10348, 10687, 10747, 13899, 15515 u. s. w. *besony* 10335, *besonge* 9500, 9923, 10695, 16770; daneben ganz vereinzelt *besoigne* 16600.
A: *besongne* 17062; aber hier immer *poing* 17652 u. s. w.
Aub: *bos* 52, 513, 516, 988 u. s. w.

§ 24. Die ostfranzösische Eigentümlichkei *oi* für *o* eintreten zu lassen, begegnet weder bei B noch bei A.

§ 25. Geschlossenes *o* ist bei B meist durch *o* und *ou* ausgedrückt, zuweilen aber auch durch *eu: signor* 8501, *lor* 8493, *honnor* 8813; *tote* 12359, *tout* 8886, *tous* 8938, *toute* 12358; *segnour* 8477, *honnour* 10355 u. s. w; *leur* 8493, *honneur* 10352, *pluseurs* 13876 u. s. w. Vor Nasalen meist *o*.
A: zeigt meist *ou*, auch vor Nasalen.
Aub: hat meist *ou: amours* 24, *honnour* 63, *houmes* 87, *boune* 40.

§ 26. Kurzes lat. *u* ist durch *o* und *ue* wiedergegeben. Für lat. *ŏ* hat B: *ue*, *oe*, *eu* und *e: cuer* 8794; *avoer*; *esteut* 10865; *aveques* 12576. A zeigt keine Abweichung.

§ 27. *Fŏcus, fŏcum* erscheint bei B in rein picardischer Form: *fus* 16076, *fu* 12402, 12514, 12549, 12813, 16076. Nur zweimal erscheint *eu: feus* 12956, *feu* 16083; *jŏcus* ist als *jus* 10084, 11537 vorhanden.
Aub hat *fŏcum* wiedergegeben durch *feu* 185, 411; *jŏcum* durch *ju* 1353.

2. Konsonanten.

§ 28. *c* vor ursprünglichem *a* ist bei B durch *c*, *ch*, *k* und *qu* ausgedrückt: *canchon* 8447; *Charles* 8428; *Karlon*

8426; *esquapa* 13891; vor *ie, e* (aus ursprünglichem *a*) wechseln *c, ch* und *k: cevaus* 10710; *kiens* 10834; *chierir* 8969. A zeigt dasselbe Schwanken.

§ 29. *g* wird vor *a* im Pikardischen nicht zu palatalem *j*, sondern bleibt erhalten, was zur Folge hat, dass auch sonstiges *j* im Pikardischen bisweilen durch *g* ausgedrückt wurde.

B schreibt: *geta* 8438, *menger* 8622, *sougis* 8983, *menga* 8663, *sergant* 9102, *songa* 10598, *ge* 14163, 14171, 11795, *g'i* 14186, *gaunes* 15757 u. s. w.

A: *g'i* 17042. Aub: *ge* 669, *gumel* 1651, *geta* 323, 2331, *getent* 2430.

§ 30. 1) *c* vor lat. *e, i* und 2) *t* vor *i, e* + Vokal werden im Pikardischen nicht zu dem *ts*-Laut, sondern zu dem harten palatalen Quetschlaut. B schreibt meist *c, ch*: *prouece* 8448, *doutance* 9888, *cis* 8463, *fache* 8561, *tenchon* 9003, *forche* 9023, *dochement* 11776, *chiaus* 8954, *maleichon* 14353; daneben aber *palais* 8656, *ains* 8662, *proesce* 9887, *destruction* 14335, *grasse* 10464, *proesses* 9617. A: *proeche* 17052, *force* 17057, *icelle* 17055, *cil* 17115, *contenchon* 17317, *destruction* 16913. Aub: *gracieus* 16, *benicon* 46, *face* 294, *pucelle* 373, *commenchent* 186, *chi* 5, *chierf* 506, *anchois* 507, *scierf* 506, *commensa* 2413, *croisa* 2415, *graces* 191.

§ 31. *t (d)* + *s* ergiebt im Pikardischen *s*. B hat meist *s*, daneben auch *z*. *z* erscheint aber auch sonst für *s*, z. B. in *lez lettrez* 14720, *amiz* 8967 u. s. w. A zeigt fast durchweg *s*.

§ 32. *sts* ist, wie im Picardischen, von beiden Copisten meist durch *s* wiedergegeben. *Jesuscris* 15109, *cis* 10107, 10988 etc. A: *Jesuscris* 17595.

§ 33. Die lat. Endung *cem* ergab im Pikardischen *s*. B: *crois* 14411, *vois* 10848 u. s. w.

§ 34. In den Perfektformen hat das Pikardische ein intravokales *s* länger erhalten, als die übrigen Mundarten.

B: *fesist* 10778, 13690, *presist* 14072, *desist* 10358, *vausist* 8534, 9124, 14416, *occesist* 12269.

Aub: *occesist* 32, *fesist* 1625, *occesistes* 1681, *presist* 1719, 1723.

§ 35. Auslautendes *s* vor konsonantischem Anlaut ist bei B erhalten. A aber zeigt *vou* 17252, Aub: *pa* 30.

§ 36. *t* erhielt sich auslautend im Pikardischen, Wallonischen und Ostfranzösischen länger als in den anderen Mundarten. B: *vut* 12315, *venut* 11965, *reveut* 12011, *but* 12057,

16830, *ainnet* 11303, *envoiiet* 10582, *laissiet* 13641, *loiiet* 11496 u. s. w. Auslautendes *d* ist häufig durch *t* ausgedrückt: *fit* 8820, *piet* 15243, *commant* 14963.

A: *renoyet* 17130; *d* durch *t* wiedergegeben in: *nut* 17412, *piet* 17219, *tart* 17600.

Aub: *laissiet* 138, *baigniet* 1929, *mangiet* 1296, 1524, *but* 1296.

§ 37. Die pikardische Eigentümlichkeit, das ursprüngliche *w* an Stelle des daraus entstandenen *g*, *gu* zu bewahren, zeigt B: *warir* 9677, *wait* 9809, *werre* 11480, *waite* 10610, *wanbison* 9433, 9477, 9486. Aub: *warderai* 1458.

§ 38. *es* für *els*. B: *tes* 14020, 15145, 13316, *ques* 17244. A: *ques* 17244, *tes* 17209, 17725. Aub: *esques* 2171, *tes* 2439, *ostes* 2221, 2250 (aber *ex* in: *ostex* 1566, *mortex* 1804, *tex* 1475).

§ 39. *bl (pl)* wird in pikardischen, wallonischen und ostfranzösischen Texten bisweilen zu *vl*. B: *passivlement* 9692. Aub: *peules* 529, *peule* 1113, 1151, *taules* 1561, *connestaule* 2199, *paisiulement* 2010.

§ 40. Das Pikardische scheut nicht wie die anderen Mundarten die Konsonantengruppen *l-r*, *m-l*, *m-r*, *n-r*.

B: *tenrement* 8551, 8570; *tenra* 8758, *vaurrai* 9644; *sanloit* 8534; *humlement* 16869; aber: *samble* 10024, *sambloit* 10084; *ramembrer* 10850, *encombrement* 11806 u. s. w.

A: *tenra* 16373, *tenrement* 17424, *voura* 17085, 17107, *asamles* 17477. Aub: *vaurrai* 1551, *vaures* 2387, *humlement* 346, *humle* 465, *sanle* 1642, *engenra* 42, *tenra* 49, *devenra* 291, *tenrement* 310.

§ 41. Während in der 3. pl. pf, wenn die Konsonantengruppe *s-r* entstand, das Normannische und Centralfranzösische diese zu *-str* umwandelten, warfen das Pikardische, Wallonische und Ostfranzösische *r* aus. B: *fisent* 8752, 12069; *fissent* 10606; es begegnen aber auch Formen mit Erhaltung des *r:* *prirent* 9183, *firent* 13954, *firrent* 14903, 10840.

§ 42. Die im Pikardischen beliebte Umstellung von Konsonant + *er* in Konsonant + *re* zeigt B: *vretuz* 8693, *fremee* 9328, *guvrener* 14033, 14728, 14735, 14827, *crete* 14065, *fremer* 16362 (*pourfis* statt *profis* 9210).

Aub: *confremee* 354, *esprevier* 1551, 1555, 1707, 1718, *fremetes* 2135, *refrema* 2351.

§ 43. B schreibt häufig *i* für *il:* 8473, 8475, 8483, 8485, 8566 u. s. w.

3. Formen.

§ 44. Die dem Pikardischen eigene Bewahrung des *ie* in der 1. pl. imp. und 1. pl. cond. zeigt B: *estiens* 9782, *aviens* 10570, 10936, *porriens* 9784, *prenderiens* 9916, *feriemes* 12661, *deussiens* 9009, *fussiemes* 12940. Aub: *ariens* 1277, *vaurriemes* 1281.

§ 45. Die erste Person des Plural auf *-mes*, wie sie dem Pikardischen eigentümlich ist, findet sich bei B in: *fussiemes* 12940, *feriemes* 12661, *fussiemes* 12940. Aub: *vaurriemes* 1281.

§ 46. Neben *va* 3. sg. pr. i. 8806, 8828, 9416, 9425, 9431 u. s. w. zeigt B. auch *vait* 8586, 9417, 11620 u. s. w.

§ 47. Das Pikardische liebt es, die 1. sg. pr. i. und pf. auf den harten palatalen Quetschlaut ausgehen zu lassen. B: *ainc* 8808, *ainch* 8866, *fach* 8880, *douch* 1008, *vic* 10014, *penc* 10856, *cuic* 11014, *vienc* 12093, *vic* 12761, *vienc* 13914 u. s. w. A: *ainc* 17433, *senc* 18053.

Aub: *tienc* 670, *demanch* 1459, *senc* 1668.

§ 48. Das aus pikardischen und ostfranzösischen Texten bekannte $i = oi$ des Infinitivs gewisser Verben findet sich bei B in *quair* 11343, *cair* 11630, 15959, *veir* 11551, *vir* 11891, 12239 u. s. w. *i* statt *oi* des Personalpronomens begegnet in: *mi* 10925, 11682, 16742.

Aub: *veir* 2153, *vir* 837.

§ 49. Für *ego* findet sich das pikardische *jou*, auch da, wo es nicht betont ist. B: 9360, 10890, 12105, 12100, 13957, 14323, 15250 u. s. w. A: 17592. Aub: 159, 633, 1061, 1063, 1669. —

§ 50. Die pikardische und ostfranzösische Form des Nominativs des weiblichen Artikels *li* findet sich bei B selten: 8549; sonst durchweg *la*. Im Obl. häufig *le*: 8561, 8796, 9147, 14194. Auch das Personalpronomen *le* ist nicht selten, so 8565, 14928 u. s. w.; *se* 8686, 14859, 8951 u. s. w. Bei A ist der Nominativ des weiblichen Artikels stets *la*, der Obl. *le* 17837 u. s. w. Aub: Nominativ *li* 2058, 2058; sonst immer *la*, auch im Obl. Das Personalpronomen zeigt das pikardische *e* in *le* 415, 420, 447, 557, 1004, 1838, 1843, 2350; *la* begegnet nur einmal 2447; *me* 883, *se* 501.

§ 51. *e* im Accusativ des unbetonten Possessivpronomens nach pikardischer Art erscheint bei B in *men* 12101, 12110, *ten* 10135, *sen* 8439, 8484, 8503 u. s. w. A: *sen* 17833. Aub: *men* 2007, *ten* 1627, *sen* 1035, 1090, 1179.

§ 52. Einmal findet sich die pikardische Form des Possessivums: *siue* 11380.

§ 53. Dem Nominativ *ecce-iste* oder *ecce-ille* wird bisweilen im Pikardischen und Wallonischen ein *s* angefügt, und für *cists* oder *cils* tritt *cis* ein. Dies ist bei B ausnahmslos der Fall: 8663, 8502 u. s. w. Ebenso bei A: 18571, 17786 und im Aub: 80, 255 u. s. w.

§ 54. Im Nominativ des Singular erscheint bei B fast durchweg das secundäre *s: bers* 9856, *pers* 8596, 12743, 13737, *freres* 12275. Ohne secundäres *s: ber* 14506. Im Aub auch durchweg secundäres *s: empereres* 1245, *sires* 1253, *peres* 35, *cuers* 631; aber *Jules Cesar* 2254.

§ 55. Flexions- und Rectionsverletzungen, z. B. 8784, 8794, 9080, 8445 u. s. w. Aub z. B. 1016, 978 u. s. w.

§ 56. Aus der Untersuchung der überlieferten Mundart ergiebt sich, dass die Kopisten Pikarden waren und dass auch die Heimat von B, die sich bei Schweigel noch nicht näher bestimmen liess (cf. Ausgaben und Abhandlungen LXXXIII, § 59), nach den §§ 9, 11, 22 an die Grenze des wallonischen Sprachgebietes zu setzen ist.

II. Ursprüngliche Mundart.

A. Sprache des ersten Teils der Chanson de Godin
(vers 8424—18059).

1. Metrum.

§ 57. Das Metrum des ersten Teils der Chanson de Godin besteht aus durch Reim gebundenen Zehnsilblern mit gewöhnlichen, lyrischen und epischen Reihenschlüssen.

§ 58. Die lyrischen Reihenschlüsse, die dem bereits Schweigel vorliegenden Anfange der chanson de Godin (cf. Ausgabe und Abhandlungen LXXXIII, § 176) fehlten, treten mit v. 8489 auf und begegnen in folgenden Versen: 8489, 8579, 8584, 8614, 8625, 8672, 8692, 8715, 8716, 8817, 8828, 8841, 9020, 9154, 9192, 9199, 9335, 9475, 9478, 9499, 9513, 9530, 9552, 9571, 9581, 9663 u. s. w.; im Ganzen weisen 4 Procent Verse diesen Reihenschluss auf.

§ 59. Die Zahl der epischen Reihenschlüsse ist gering im Vergleich zu den lyrischen. Bis v. 9689 häufiger vorkommend, verschwinden sie allmählich fast ganz, bis mit dem neuen Schreiber (v. 16384) wieder eine Zunahme zu constatieren ist. Das Vorkommen der epischen Reihenschlüsse beträgt von v. 8424—9689 etwa 4 Prozent, von 9690—16884 nur 0,4 und von 16885—18059 3,26 Procent. In den gleichen Abschnitten betragen die lyrischen Reihenschlüsse von v. 8424—9689 2 Procent, von v. 9690—16884 4,6 und von v. 16885—18059 2,6 Procent.

§ 60. Das fast gänzliche Verschwinden der epischen Reihenschlüsse in dem bei weitem grössten Teile der Dichtung und das verhältnismässig spärliche Auftreten der lyrischen da, wo die epischen häufiger begegnen, diese Thatsachen, verbunden mit dem Umstande, dass die Mischung von lyrischen und epischen Reihenschlüssen im Epos etwas Ungewöhnliches ist, sind dazu geeignet, uns zu der Annahme zu führen, dass die epischen Reihenschlüsse dem Original unserer Dichtung fehlten und erst von einem späteren Ueberarbeiter herrühren, der sie grösstenteils aus den lyrischen herstellte. Bestärkt werden wir in dieser Annahme noch durch den Umstand, dass die epischen Reihenschlüsse höchstens mit Ausnahme von zwei Fällen leicht in lyrische oder gewöhnliche umgewandelt werden können. In 8429, 8442, 8527, 8531, 8592, 8607, 8655, 8868, 8905, 8916, 8991, 9964, 9981, 12021, 12458, 12848, 12890, 17074, 17181, 17198, 17202, 17219, 17618, 17799 z. B. erhält man den gewöhnlichen oder den lyrischen Reihenschluss durch Tilgen von *et*. 8443 bessere *com* statt *comment;* 8452 tilge *rois;* 8454, 17691, 17976 tilge *tout;* 8457 bessere *Et des faes* statt *De faerie;* 8490, 8519, 8549, 8685, 8978, 8987, 9058 tilge den Artikel *li* (z. B. *rois Hues* statt *li rois Hues);* 8494, 8524, 8696, 8635, 9185, 17174 setze das Präsens statt des Perfekts ein; 8544 bessere *chambrieres* stat *chamberieres* (cf. *Littré);* 8568 bessere *le voir* statt *la nouvele;* 8582 tilge *car;* 8583 tilge *ens;* 8613 tilge *se;* 8628 bessere *vorrroie* statt *ameroie;* 8756 tilge *qui;* 8815, 8863 tilge *que;* 8784 bessere *sous* statt *desous* (8784); 8895 tilge *com* (*com* hier ganz sinnlos); 9025 bessere *del* statt *de son;* 9049 bessere *armes aquelt* statt *armes a quises;* 9115 stelle *se* und *porroient* um; 9182 bessere *qu' a quinze jors* statt *qu' a le quinzainne;* 9193 tilge *il;* 9430 setze *il* statt *li rois;* 9544 tilge *bien;* 9678 bessere *voit* statt *esgarde;* 9689 bessere *en* statt *dedens;* 10085, 12811, 12815, 15998 tilge *grant;* 10255 bessere *grant* statt *grande* (cf. § 133); 10263 bessere *vers* statt *envers;* 10763 bessere *el* statt *en lor;* 10859 bessere *esteut* statt *esteuet* (Schreibfehler); 11421 bessere *tout* statt *trestout;* 12025, 12046, 15620 setze *la* statt *une;* 12526 bessere *venir* statt *venue;* 12924 bessere *s'iert* statt *si ert;* 13025 stelle *thiefainne* und *sa serour* um; 13788 bessere *la presse ront* statt *passe* (cf. 10071); 15123 bessere *point* statt *onques;* 15902 bessere *el* statt *sous le;* 16606 bessere *mil* statt *mile;* 16763 setze *jou;* 16901 tilge *caus* oder bessere *contre* statt *encontre;* 16920 tilge *tous;* 16930 bessere *fille* statt *fillete;* 17055, 17675 bessere *celle* statt *icelle;* 17111 bessere *dont* statt *adont;* 17247 bessere *i* statt *la;* 17371 tilge *mais;* 17404 tilge *homes;* 17498 tilge *grans;* ebenso 17538; 17537 bessere *s'il;* 17551, 10066 tilge *i;* 17559 bessere *furent* statt *estoient;* 17614 tilge *sen;* 17631 tilge *par;* 17660 bessere *pas* statt *mie;* 17664 bessere *la more* statt *lanemelle;* 17667 tilge *mes.* —

Nicht ohne weiteres zu beseitigen sind die epischen Reihenschlüsse in: 8595 und 11043; doch ist (wenn 8595 *encor* vor *sera* gesetzt wird) in beiden Fällen, wie auch in manchen der vorerwähnten, Elision des auslautenden *e* möglich.

§ 61. Anzunehmen ist, dass auch ein Teil der Verse, die in unserer Vorlage gewöhnlichen Reihenschluss aufweisen, ursprünglich lyrischen zeigte. Ob und in welchem Masse solches statt hatte, lässt sich natürlich nicht nachweisen.

§ 62. Wie aber kam es, dass bei der Ueberarbeitung (cf. § 60) in v. 8425—9689 und 16885—18059 die lyrischen Reihenschlüsse fast ganz verdrängt wurden, während sie im grossen mittleren Teile blieben? Ich glaube, diese Erscheinung erklärt sich am besten, wenn wir den Kopisten die epischen Reihenschlüsse zuschreiben, also jene von 8425—9689 dem Kopisten B und die von 16885—18059 A. B würde dann anfangs bemüht gewesen sein, die epischen Reihenschlüsse einzuführen, bis er schliesslich ermüdete und nur unabsichtlich solche anbrachte, während A gleichmässiger bis zum Schluss die epischen einzuführen bestrebt war.

§ 63. Nach den bisherigen Ausführungen wäre demnach eine ältere Vorlage unserer Dichtung vorauszusetzen, die neben dem gewöhnlichen Reihenschluss nur den lyrischen zeigte.

§ 63a. Wie die Chanson d'Yde et Olive zeigt auch die Chanson de Godin starke Enjambements, so z. B. 9337/38, 11648/49, 11651/52, 11945/46 u. s. w.

2. Reime.

Männliche a-Tiraden.

§ 64. Die Chanson de Godin enthält 28 männliche a-Tiraden, 27 Reim-Tiraden:

12 (8744—74) 33 (9380—9409) 48 (9820—58) 61 (10219—18) 69 (10456—87) 74 (10608—87) 86 (10968—97) 99 (11358—87) 115 (11842—71) 120 (11992 -12021) 136 (12472—501) 148 (12828—58) 156 (13068—97) 160 (13187 -217) 174 (13606—37) 183 (13877—905) 194 (14205—34) 205 (14535—64) 215 (14887—66) 226 (15168—97) 239 (15558—88) 258 (16127—56) 271 (16517—46) 275 (16636—66) 286 (16965 - 92) 290 (17083—112) 294 (17202—31)

und eine Assonanz-Reim-Tirade: Tir. 21 (9015—9047), die aber bis auf v. 9026 ebenfalls Reim-Tirade ist.

§ 65. **Gemeinsames Rimarium.**
-abet *pr. i., fut.* **-adit** *pr. i.* **-alum** *s. o.* **-am** *adv.* **-avit** (-*avit). **ecce** + **hac** *adv.* **illac** *adv.* -? *n. pr.* carcamiqua (carcamica) 12832, 13071 u. s. w.

§ 66. *va* (vadit) 10977, 12487 ist für den Dichter gesichert. Daneben begegnet auch *vait* (cf. § 71).

§ 67. Verwechselung von *ai* mit *a* findet sich nicht.

Weibliche a-Tiraden.

§ 68. Tir. 73 (10578—10607) R-T.
-aticum (-*aticum) *s.* linage 10578, homage 10579, a. sauvage 10593. -*apium *a.* sage 10584.

§ 69. Tir. 217 (14897—14925) A-R-T.
-abeo + *ego pr. i.* + *pron.* age 14925. **-aginem** *n. pr.* Cartage 14906. **-aginem** *s.* image 14918. **-argam** *a.* large 14917. **-aticum** (-*aticum) *s.* linage 14897, corage 14899, aufage 14917. -*apium *a.* sage 14898.

§ 70. Tir. 315 (17796—17824) A-R-T.
-abet + **ecce** hoc sera ce 17810. -*acum *s. f.* hace 17804, haice 17821. -*acat sace 17799, 17817, atace 17807. -*adicat *pr. i.* esrace 17820. **-achiat** *pr. i.* embrace 17803. -*aciam *s.* manace 17801. **-aciat** (-*aclat) *pr. i.* desplace 17802, face 17800, englace 17824. **-aciem** *s.* glace 17824, face 17797. -*actiam *s.* trace 17818. **-apiat** *pr. c.* sace 17818. -*aptiat *pr. i.* escace 17811, porcace 17809. **-aquent** *pr. c.* relace 17798. **-argam** *a.* large 17812. **-ateam** *s.* place 17796, mace 17805. -*atiat *pr. c.* abace 17808· *atiam *pr. c.* hace 17814. **-aticum** *s.* ontage 17806.

Männliche ai-Tiraden.

§ 71. Tir. 47 (9709—9828) R-T.
-abeat *pr. c.* ait 9808. **-acet** *pr. c.* apait 9806, pait 9825, *pr. i.* tait 9822. **-acit** *pr. i.* fait 9827. **-acti** *p. pf.* frait 9807. **-actum** *p. pf.* mesfait 9800, *s.* retrait 9810, *adv.* entresait 9819. **-adit** *pr. i.* vait 9799. -*aget *pr. c.* esmait 9818. -*agiet *pr. c* assait 9813. -*agit *pr i.* brait 9803. **-ahit** *pr. i.* trait 9802. -*ahet *pr. c.* wait 9809. -*ahtum *s.*

agait 9811. -*ascit *pr. i.* nait 9823. -*aldum (*d.* leid) 9816. -*aito *pr.* dehait 9801. -*aitum *s.* dehait 9805. -*edum *s.* frait (*d.* fridu) 9824.

§ 72. Tir. 123 (12082—12111) R-T.

-abeo *pr. i.* ai 12092, *fut.* consillerai 12082. -acum *a.* vrai 12102. -*agat *pr. i.* esmai 12105. -*ajum ·*a.* vai (statt gai ahd. gahi) 12104. -aplo *pr. i.* sai 12083. -avi *pf.* aseuai 12084, faussai 12185. -ï *s.* delai 12103

§ 73. Da in den beiden *ai*-Tiraden keine eigentliche Mischung von *ai* mit *è* vorhanden ist, so müssen wir annehmen, dass *ai* für den Dichter noch diphthongische Geltung hatte.

§ 74. *ai* für die 1. sg. fut. ist in 21 Fällen, für d. 1. sg. fut. der *a*-Conjugation in 3 Fällen gesichert; ebenso *ai* in der 1. sg. pr. *sai*.

Weibliche *ai*-Tiraden.

§ 75. Tir. 93 (11178 – 11207) R-T.

-ac(u)la *s.* maille 11197. -aculam *s* .ventaille 11181. -*ac(u)lat *pr. i.* travaille 11186, baaille 12207, desmaille 11192. -ag(u)lat *pr. i* quaille 11206. -aj(u)lat *pr. i.* baille 11180. -aleam (-*aleam) *s.* paille 11189, taille 11205. -aleat *pr. i.* taille, quataille*), *pr. c.* caille 11187. -alia (-*alia) *s.* adavinaille 11202, baronaille 11198, bataille 11178, desfiaille 11200, merdaille 11199, pietaille 11179, kienaille 11203. -aliat (-*aliat) *pr. c.* saille 11195, vaille 11182, aile 11185. -alliat *pr. c* faille 11191. -aquilla *s.* quaille. -ic(u)lat *pr. i.* aparaille 11190.

§ 76. Tir. 313 (17767—95) R-T.

-abeam *pr. c.* aie 73. -acam *a.* vraie 81. -acat *pr. i.* paie 69. -*adeat *pr. c.* caie 92. -adia *a.* baie 84, *s.* glaie 79, raie 95. -adiat *pr. i.* raie 71. -adj(u)dam *s.* manaie 75. -*aga *s.* haie 91. -agam *s.* plaie 67. -*agat *pr. i.* esmaie 68, adaie 83. -*agiat *pr. i.* asaie 88. -*aiam *a.* gaie 72. -ahat *pr. c.* retraie 78. -atam *s.* taie 90. -a(u)b[i]at *pr. i.* abaie 76. -*ēbam *s.* glaie 79. -ï naie *s.* 70, adv. 74, fraie *pr. i.* 80, esfraie *pr. i.* 93, delaie *pr. i.* 86, *s* archigaie*) 89.

§ 77. Tir. 253 (15979—16007) R-T.

-alneat *pr i.* baigne 15989. -*amlat *pr. i.* mehaigne 15981, dehaigne 16001. -aneam (-*aneam) *s.* castaigne 15988, montaigne 15979, ouvraigne 16004, plaigne 16002. -aneat *pr. c.* remaigne 15997. -aueum (-*aueum) *s.* bargaigne 15991, *a.* estraigne 15995. -augat *pr. c.* ataigne 16000, *pr. i.* plaigne 15996. -aniam (-*aniam) *n. pr* espaigne 15990, compaigne 15982, 15984, gaaigne 15993. -*eudeat *pr. c.* prenge 15994. -ignat *pr. i.* desdegne 16007 -ignia *s.* ensaigne 15999. -ingat *pr. c.* ataigne 15992, faigne 15980, destrainge 16005. -inguat *pr. c.* estaigne 15998.

Männliche *è*-Tiraden.

§ 78. Tir. 8 (8638—66) 87 (10998—11027).

-elli (-*elli) *s.* -ello *adv.* -ellum *s., a., n. pr.*

---

*) *quatailler* Weiterbildung v. quatir fehlt bei Godefroy; ebenso *archigaie* (eine Art Streitaxt?), das auch Sternberg, die Angriffwaffen im afr. Epos (A. u. A. XLVIII) Marb. 1886 unbekannt ist.

Weibliche è-Tiraden.

§ 79. Tir. 171 (13518—47).
-ella (*-ella) s. -ellam (-*ellam) s. -ellat (-*ellat) pr. i.

§ 80. Tir. 312 (17738—66) R-T.
-*aciat pr. i. manece 41. -ectiat pr. i. adrece 38. -*etiat pr. i. blece 55, depece 51. -iciam s. vece 52. -*ictiam s. destraice 64. -iscam (-*iscam) s. lesce 63, a. tresce 65. -*itia s. flece 39, bretesce 48. -itiam (-*itiam) s. riceche 40, hauteche 42, noblece 44. -itiat (-*itiat) pr. i. esleece 56, esclece 53. -*ittiat pr. c. mece 57.

§ 81. Tir. 269 (16457—86) R-T.
-ere + s (ahd. berc) s. haubers 65. -erditus s. depers 74. -ernum + s a infers 7 °. -errum + s s. fers 59. -ersus adv. travers 83, a. avers 76, divers 58, pers 68. -ersum praep. envers 67. -ertus (-*ertus) a. apers 64, despers 72, s. cuivers 62, n. pr. sanifers 86, p. pf. offers 75, convers 61. -ervis pr. i. sers 82. -ervos s. sers 81, ners 74. -ervus s. cers 80. -irmus a. enfers 85. -? guers a. 71.

§ 82. In den è-Tiraden ist also keine Mischung mit ai zu finden.

Männliche é-Tiraden.

§ 83. Tiraden mit dem Reim é:
46 (9769—98) 62 (10249—78) 95 (11238—67) 103 (11482—11510) 116 (11872—901) 150 (12889—918) 166 (13368—97) 177 (13699—728) 196 (14265—94) 228 (15228—57) 232 (15348—77) 235 (15438—67) 243 (15679—708) 246 (15769—98) 267 (16397—426) 274 (16607—36) 285 (16933—64) 296 (15259—87) bis auf v. 15275 eine R-T. 318 (17913—42) 320 (17973—18002).

Gemeinsames Rimarium.

-abem s. -adam s. -atem (-*atem) s. -ati p. pf. -atum (-*atum) p. pf., npr. valbete, salatre.

§ 84. Tiraden mit dem Reim er:
37 (9500—28) 52 (9949—78) 82 (10848—77) 97 (11298—327) 108 (11632—661) 112 (11752—81) 138 (12532—61) 145 (12739—68) 162 (13248—77) 188 (14025—54) 211 (14715—44) 214 (14807—36) 225 (15138—67) 261 (16217—46) 265 (16337—66) 305 (17525—54) für departir 17538 ist wohl depasser zu lesen.

Gemeinsames Rimarium.

-are (-*are) inf. -are s. mer. -arem s. -aro s., adv. -arum a. -*arum n. pr. (vimer, hermer)

§ 85. Tiraden mit dem Reim es (ez):
13 (8775—804) 25 (9138—9169) 42 (9648—78) 68 (10428—57) 77 (10698—727) 100 (11388—42) 121 (12022—51) 125 (12142—71) 134 (12412—41) 143 (12679—708) 152 (12949—78) 158 (13128—57) 182 (13847—76) 191 (14115—44) 200 (14384—413) 204 (14505—34) 209 (14655—84) 216 (14867—96) 219 (14956—85) 257 (16096—126) 278 (16727—56) 300 (17376—404) 303 (17465—94), bis auf 17473 eine reine R-T.

Gemeinsames Rimarium.

-abes (-*abes) s. -ales a. tes. -alis a mortes, tes, s. ostes. -ansus p. pf. -asum s. nes. -ates s. -atem + s s. -atis adv. -atis (-*atis) *pr., imp., fut.* -atos (-*ates) *s., p. pf.* -atus (-*atus) *s., p. pf., adv., n. pr.* salatres, thiopes.

§ 86. Von den männlichen *é*-Tiraden ist Tir. 1 (8424—46) eine A-R-T.

Rimarium.
-are *inf.* -ates *s.* -atem + s (-*atem + s) *s.* -atis *imp., fut., adv.* -atum *s., p. pf.* -atos *p. pf.* -atam *p. pf.*

Weibliche *é*-Tiraden.
§ 87. Tiraden mit dem Reim *ee:*
31 (9320—9349) 49 (9859—88) 72 (10548—77) 89 (11058—87) 132 (12353—81) 170 (13488—517) 218 (14926—55) 240 (15588—618) 250 (15889—918) 273 (16577—606) 289 (17053—82).

Rimarium.
-ata (-*ata) *s., a., p. pf.* -atam (-*atam) *p. pf., s., a., n. pr.* valbete(e) -atat *pr. i.* -atham *s.*

§ 88. Reim *erent* zeigt: Tir. 317 (17884—912).
-arunt (-*arunt) *pf.* -c]arunt (-*c]arunt) *pf.* -i]arunt (-*i]arunt) *pf.* -j(ut)arunt *pf.* -*x]arunt *pf.*

Männliche *i*-Tiraden.
§ 89. Tiraden mit dem Reim *i:*
39 (9559—88) 109 (11662—71) 236 (16478—97) 259 (16156—86) 292 (17143—72), bis auf v. 17162 R-T.

Gemeinsames Rimarium.
-ecce + hic *adv.* chi 9587. -ĕco *pr. i.* pri 11675. -c]ēdem *s.* merchi 11788. -ĕdium *praep.* parmi 9577. -*l = ē *pron. disj.* mi 9583, 11690, 15471; ti 16179. -ic *adv.* si 9563, *imper. di* 17145. ici *s.* ami 11682. -ico *pr. i.* di 6573. -icum *s.* ami 17151. -īdi *pf.* vi 11672. -īdo *pr. i.* afi 11670. -īti (-*īti) *s.* relenqui 17148, *p. pf.* assailli 17149, *a.* hardi 11687. -ītum (-*ītum) *a.* hardi 9559, *p. pf., s., n. pr.* arabi 16167. -īvi (īvi) *pf.* parti 11665. -ivit (ivit) *pf.* -? seri *adv.* 17156.

§ 90. Wie aus dem Rimarium zu ersehen, war das disjunctive Pronomen der 1. und 2. Person in der Form *mi, ti* dem Dichter geläufig. Daneben braucht er aber auch *moi, toi* (cf. § 106). —

§ 91. Tiraden mit dem Reim *in:*
7 (8608—37) 26 (9170—99) 41 (9619—47) 185 (13936—64) 201 (14414—43) 230 (15288—317).

Gemeinsames Rimarium.
-c]ēmum *s.* roisin 8617. -c]ēni *n. pr.* sarrasins 8611. -c]ēnum (-*c]enum) *s.* ponchin 8613, *n. pr.* sarrasin 9186. -īmen *s.* traïn 8632. -īnem *s.* fin 8625. -īni (-*īni) *s.* cousin 8630, 9173, *a.* enclin 8621. -īnum (-*īnum) *a.* frarin 8608 *s.* vin 8615, lin 8610, samin 8619, ermin 8620, *n. pr.* huelin u. s. w.

§ 92. Tiraden mit dem Reim *ir:*
43 (4679—708), bis auf v. 9688 R-T. 63 (10279—308) 81 (10818—47) 96 (11268—97) 122 (12052—61) 163 (13278—307) 178 (13729—58),

195 (14235—64) 223 (15076—106) 241 (15618—48) 298 (17318—46) 307 (17585—614), bis auf 17113, 14 R-T.

Gemeinsames Rimarium.

-c]ēre *s.* loisir 9681, *inf.* taisir 9706. -ĕrium *s.* desir 10296. -īre (-*īre) *inf.* = -ēre inf. cair 10841, 11277, 13238, 13303, 13754, 14236, 15088, 15636, 15646; seir 12054; veir 9693, 10302, 12078, 15103, 17328. -īri *inf.* mentir 13756. -īrium *s.* souspir 11274. -yrum *n. pr.* thir 15645.

§ 93. Die Infinitive *caïr, seïr, veïr* sind also durch den Reim gesichert. Die *oi*-Tirade (mit dem Reim *oir*) weist dieselben mit -*oi*- der Endung nicht auf (cf. § 107).

§ 94. Tiraden mit dem Reim *is:*
19 (8955—84) 27 (9200—29) 53 (8979—10008) 66 (10379—98) 71 (10518—47) 78 (10728—57) 104 (11511—41) 114 (11812—41) 127 (12202—31) 146 (12769—97) 151 (12919—48) 159 (13158—87) 167 (13398—427) 181 (13819—46) 187 (13995—14024) 190 (14085—114) 208 (14625—54) 268 (16427—56) 277 (16696—726) 281 (16816—844) 287 (16993—17022) 302 (17435—64) 319 (17943—72).

Gemeinsames Rimarium.

-*aesos *p. pf.* requis 12213. -*aesum *p. pf.* conquis 9992. -*aesus *p. pf.* requis 9209. -ĕcem *num.* dis 10750. -ĕcs *num.* sis 10734. -ĕetos *p. pf.* desconfis 9990, eslis 13163, *s.* lis 14097. -ĕctus *p. pf.* sougis 9219, *s.* pourfis 9210. -ĕjus comp. piz(s) 8963, 9994. -g]e(n)se *s.* payz 8972. -e(n)sis *s.* marchiz 8978. -e(n)si *p. pf.* souspris 9227. -e(n)sos *p. pf.* pris 13828. -e(n)sum *p. pf.* mespris 8958. -e(n)sus *p. pf.* pris 8981. -ĕssos *p. pf.* assis 11514. -ĕssus *p. pf.* assis 12208 -ĕtium *s. o.* priz, pris 8982, 9216. -*ices *s. f.* berbis 12788, brebis 12946. -*icios *a.* treslis 11515. -iclum (-*iclum) *s. o.* larris, pogneis. -īco + s *pr. i.* dis 8974. -īcos *s.* amis 9983. -ictus *p. pf.* maleis 9204, dis 13995. -īcus *s.* ennemis 9205. -īdus *a.* fis 9200. -*īem + s dis 9993. -*īēs *s. o. pl.* dis 8961. -īlis *a.* gentis 9222, 10389, 11830, 12211, 12920, 13174, 14093, 16716, 17005, 17970. -īlios *s.* fis 12209. -iptum + s escris 10376. -isi *p. pf.* ocis 13424. -*isium *a.* bis 12780. -īsos *s.* ocis 12215. -issi *p. pf.* mis 9987. -issos *p. pf.* mis 8968. -issum *p. pf.* tramis 9995. -issus *p. pf.* tramis 10848. -isum *a.* vis 9228, *p. pf.* ochis 9991; *s.* devis 9995. -isus fis 9200. -*itium *s.* plassëis 10392. -ītos (-*ītos) *a.* hardis 10521, *p. pf.* chieriz 8969, *s.* cris 10006. -*īttos *a.* petis 12792. -*īttus *a.* petis 9207. ītum + s *adv.* envis 9212. -ītus (-*ītus) *a.* hardis 9979, *p. pf.* partis 8955, assentis 9225, *s.* cris 12783. -īvi (-*ivi) *pf.* enbatis 12942, garis 12943. -*īvos *a.* vis 12933. -īvus (-*īvus) *a.* hastis 8959, 10529, 17459, vis 8970, 12772, 13176, cetis 13426, pensis 13842, posteïs 16715; *s.* estris 17967. -*uī *pron. disj.* 17444 (es muss wohl v. 17444 „devant son pis" gebessert werden.

§ 95. Die Reimworte *gentis, fis* zeigen, dass Vokalisation des *l* zu *u* in diesen Worten nicht eintrat. Streng pikardische Formen, wie *gentius, fius* finden sich nicht.

§ 96. Die Endungen -*īvus* (*-*īvus*), -*īvos* (-*īvos) sind durch *is* und nicht in der streng pikardischen Form *ius* wiedergegeben: *hastis, pensis, postis, vis*.

§ 97. Die Wandlung von *ie* zu *i*, die für Lüttich und Artois belegt ist, findet sich nicht.

Weibliche *i*-Tiraden.

§ 98. Tiraden mit dem Reim *ie:*
18 (8925—8954) 30 (9290—9319) 88 (11028—57) 110 (11692—721) 124 (12112—41) 153 (12979—3008) 173 (13578—607) 229 (15258—87) 251 (15919—48) 288 (17023—17052) 308 (17615—47).

Gemeinsames Rimarium.

-aetam *a.* lie 15279. -*ĕcat *pr. i.* prie 11030. -ĕdicum *s.* mie 11696. -*ĭa *s.* follie 11710. -ĭam (-*ĭam) *n. pr.* persie 9304; *s.* felonnie 8925, fie 9307, lignie 8926. -*ĭat *pr. i.* gramie 9290, merchie 11052. -ica adv. mie 8935. -ĭcam *pr. c.* die 8929. -ĭcat (-*ĭcat) *pr. i.* otrie 8940; *pr. c.* maudie 8932. -ĭdat (-*ĭdat) *pr. i.* deffie 8953, guie 11701; *pr. c.* rie 8941. -ĭdo *pr. i.* afie 8928. -*ietiam *s. n.* moitie 11048, 13002. -ĭgat (-*ĭgat) *pr. i.* castie 8927, ralie 11716. -ĭtam (-*ĭtam) *p. pf.* oie 8937, finie 8951, *s.* vie 8949, *a.* hardie 9305. -ĭtat *pr. i.* escrie 8943. -*jutam *s.* aiie 11038, 11694, 12138. *p. pf.* mit *esse:* -c]ata (-*c]ata) afoibliie 11047, vengie 12988, tronchie 17629, aclaroie 13605, vengie 15271, jugie 17638; -*aci]ata apaisie 17029; -*cc]ata ficie 17631; -*e]ata baingnie 9295, 13604; -ĭata (-*ĭata) glacie 9312, nonchie 11032, 13602, commencie 11043, perchie 11044, blechie 11045, moullie 11046, asaiie 11050, asaie 17052, prisie 12130, commencie 17637. -x]ata laissie 12127. *p. pf. als a.:* -*c]atam trencie 13594; -*ĭatam roongnie 15269. *p. pf. mit* habere: -c]atam (-*c]atam) jugie 8946, trenchie 8950, desploie 11707, hochie 11708, 13004; -*cc]atam sacie 9293, rasachie 13600; -*c(u)]atam uerellie 9319. -g]atam aquellie 8942, 12997, 13580, 15273, loiie 11698; -*ng]atam enpuignie 9299, enpoingnie 17620. -i]atam (-*i]atam) brisie 9301, avanchie 11053, commenchie 12115, roongie 13601, haucie 17621, abaissie 17623; -x]atam laissie 13578, 15272.

§ 99. Das Rimarium zeigt *ie* = *iée* in folgenden Worten: *abaissie, aclaroie, afoiblie, aparellie, aquellie, asaiie, avanchie, baignie, blechie, brisie, commencie, desploie, enpuignie, glacie, haucie, hochie, jugie, laissie, lie, loiie, maisnie, moullie, nonchie, perchie, prisie, rasachie, roongnie, sacie, trenchie, vengie, verellie.*

§ 100. Tiraden mit dem Reim *ire:*
128 (12232—61), 245 (15739—68).

Gemeinsames Rimarium.

-*aereat *pr. c.* quire 12261, 15765; require 15763. -ĕdicum *s.* mire 12247, 15758. -ĕgere *inf.* eslire 12252, 15744. -ĕgram *a.* entire 12249. -ĕjorat *pr. i.* empire 15753. -ĕjoro *pr. i.* empire 12245. -ĕnior *s.* sire 12238, *s.* mesire 15741, sire 15766. c]ēra *s.* chire 17757. c]ēram *s.* chire 12255. -ĕriam *pr. c.* fire 15745. -ĕreat *pr. c.* mire 15742. -ĕrium *s.* empire 12234. -icere *inf.* dire 12232; contredire 15748; escondire 12253. -icere *inf.* desconfire 12254, despire 12240, soufire 15743. -iderat *pr. i.* desire 12244. -idere (-*ĭdere) *inf.* ochire 12235, rire 12246, 15759. -igere *inf.* frire 12248. -ĭram *s.* ire 12232. -*ĭrat *pr. i.* souspire; atire 12239. -*irium *s.* maistire 12242, maaistire 15761. -ucere duire 15747. -yrium *s.* martyre 12236, martire 15756. -? estire 12251 (cf. Godefroy estier).

Männliche *ie*-Tiraden.

§ 101. Tiraden mit dem Reim *ie:*
64 (10309—38) 202 (14444—74) 291 (17113—43) bis auf v. 17137 R-T.

Gemeinsames Rimarium.

-aeti *a.* lie 10318. -aetum *a.* lie 14446. -*arium *s.* -c]ati *p. pf.* coucie 10323. -*c(u)l]ati *p. pf.* aparellie 14469. -di(c)ati (-*di(c)ati) *p. pf.* atargie 10814. -eati *p. pf.* cauchie 10328. -*g]ati *s.* renoijet 17180. -gni]tati *p. pf.* acointie 10336. -i]ati *p. pf.* -il]ati *p. pf.* esvillie 10327. -c]atum (-*c]atum) *p. pf.* -*cc]atum *p. pf.* huchie 10320. -*c(i)t]atum *p. pf.* esploitie 14445. -ct]atum (-*ct]atum) *p. pf.* anuitie 10317, afaitie 14444. -*c(ul)]atum *p. pf.* aparilliet 10309. -e]atum *s.* congie 10330. -*g]atum *p. pf.* -gn]atum *p. pf.* ensaignie 10333. -i]atum (-*i]atum) *p. pf.* haitie 10311. -ic]atum (-*icatum) *p. pf.* -g(l)l]atum *p. pf.* esveillie 17139. -*ion]atum *p. pf.* araisnie. -ir]atum *a.* yrie 17122. -j(u)l]atum *p. pf.* baillie 14448. -j(u)t]atum *p. pf.* aidie 10335. -xatum *p. pf.* laissie 10337. -ĕdem *s.* pie 14459 piet 17119. -? delaie 10319.

§ 102. Tiraden mit dem Reim *ier:*

Tir. 4 (8507—36) 17 (8895—924) 24 (9108—37) [für *rainie* ist *rainier* zu lesen 9133] 32 (9350—79) 36 (9470—99) 51 (9919—48) 54 (1009—38) 67 (10399—427) 76 (10668—97) 80 (10788—817) 94 (11208—37) 107 (11602—31) 130 (12292—321) 135 (12442—71) 139 (12562—91) 149 (12859—88) 161 (13218—47) 179 (13759—88) 184 (13906—35) 193 (14175—204) 212 (14745—76) 222 (15046—75) 234 (15408—37) 248 (15829—58) 256 (16067—96) 266 (16367—96) 295 (17232—58) 304 (17459—524).

Gemeinsames Rimarium.

-aero *pr. i.* quier 8919. -*ait]are *inf.* plaidier 8918. -*ati(o)]nare *inf.* desrainier 8525. -c]are (-*c]are) *inf.* cerchier 15416. -c]are *adv.* cier 12303. -*cc]are *inf.* hucier 8511. -*c(i)t]are *inf.* esploitier 9121. -ct]are *inf.* traitier 8531. -*c(u)l]are *inf.* agenouillier 8526. -e]are (-*e]are) *inf.* lacier 9483. -*ec]are *inf.* proïer 8517.- -ĕg]are *inf.* uier 8515, renoier 8923. -g(i)t]are *inf.* quidier 8512. -gn(i)t]are *inf.* acointier 8917. -i]are (-*iare) *inf.* prisier 8507, concellier 8518, avanchier 8521, resoignier 8911. -*ic]are *inf.* crucefier 8922, certifier 9124. -ig(l)l]are *inf.* esvillier 9937. -j(o)r]are *inf.* empirier 8919. -j(u)l]are *inf.* baillier 9366. j(u)t]are *inf.* aidier 8509. -x]are *inf.* laissier 8530. -arii (-*arii) *s.* soudoier 9115, chevallier 9362. -arium (-*arium) *s.* guerrier 8566, *a.* doublier 9475, *n. pr.* renier. -*ĕrem *s.* moullier 8513. -ĕri *adv.* ier 13928. -ĕrium *s.* desirier 12306. -*ĕrum *a.* fier 8514. -ĕtro *adv.* arrier 9922.

§ 103. Tiraden mit dem Reim *ies:*

85 (10938—67) 98 (11328—57) 119 (11962—91) 141 (12622—51) 155 (13038—67) 189 (14055—84) 210 (14685—714) 227 (15198—227).

Gemeinsames Rimarium.

-aetus *a.* liez 12650. -*c]apum + s *s.* mescies 10947. -ie]tatem + s *s.* pities 11347. -ietates *s.* moities 12697. -c]atis *imper.* cevaucies 15212. -e]atis *imper.* tingnies 14712. -i]atis (-*i]atis) *pr. i.* prisies 10958, *imper.* oiies 10938, sachies 14685, *pr. c.* tengnies 11354, *plusqupf.* fussiez 12634, ĕussies 12635, *cond.* aideriez 12638. -x]atis *imper.* laissies 14082. -c]atos *p. pf.* cerchies 11975, paiez 12626. -*g]atos rengies 10961. -gn]atos *p. pf.* saignies 13050. -i]atos *p. pf.* prisies 10942. -x]atos *p. pf.* laissies 11987. -*ati(o)n]atus *p. pf.* araisnies 11348. -c]atus (-*c]atus) *p. pf.* embuscies 10946. -*cc]atus *p. pf.* hucies 10954. -ct]atus *p. pf.*

afaities 11967. -*c(u)l]atus *p. pf.* aparillies 10941, travillies 11969. -g]atus loiiez 11968, *p. pf.* renoies 10945. -gn]atus *p. pf.* ensaignies 10950. -i]atus (-*l]atus) *p. pf.* consilies 10939, mervillies 10958, apoies 10949. -*lc]atus *p. pf.* certefiies 10944, detries 11355. -ir]atus *p. pf.* aïries. -j(m)t]atus *p. pf.* aidies 11331. -x]atus *p. pf.* eslaissies 11336. -ĕdes *s.* pies 10948. -*ĕhos *s.* fies 10943. -ĕpos nies 13055. -ĕves *s.* bries 13048. -ĕvis *a.* gries 12646.

§ 104. Gesichert ist durch Reim (wie auch durch das Metrum cf. § 136) die Einsilbigkeit des *ie* in der 2. pl. plusqupf. c. und cond.

Weibliche *ie*-Tiraden.

§ 105. Tir. 315 (17825—54) R-T.-Reim *iere:*
-aerat *pr. c.* requiere 17833. -c]aram *s.* chiere 17826, *a.* ciere 17827. -*aria miere 17840. *a.* costumiere 17830. -ariam (-*ariam) *s.* maniere 17825, *a.* legiere 45. -arium (-*arium) *s.* -ĕgram *a.* entiere 17831. -*ĕram *s.* biere 52. -ĕram *a.* fiere 17829. -ĕrat *pr. c.* fiere 46. -ĕro *fut.* iere 17854. -ĕtram *s.* piere 17841. -ĕtro *adv.* ariere 17834.

Männliche *oi*-Tiraden.

§ 106. Tiraden mit dem Reim *oi*:
15 (8835—64) 28 (9230—59) 192 (14145—74).
-auci *a.* poi 14154. -aucum poi 9233. -audio *pr. i.* oi 8842. -ē *pron. disj.* moi 8835, 9251, 14157; toi 8839, 9243. 14163; soi 8853, 9237, 14174. -ēbeo *pr. i.* -*ēco *pr. i.* proi 8840, 9246, 14148. -ēdo *pr. i.* croi 8838, 9240, 14155. -*ēdum *s.* desroy 8848. -ēgem *s.* loy 8855. -ēgem + s *s.* rois 8864. -ē(s) *num.* troi 8859. -ēti *a.* coi 14146. -ētum *a.* quoi 9288. -ico (-*ico) *pr. i.* enploi 8862. -*ĭcum *s.* otroi 8845. -ĭdem *s.* foi 8841. -ĭdeo *pr. i.* voi 8851. -ĭde *imp.* avoi 14151. -*ĭdum *s.* effroi 8861. -ĭgo *pr. i.* castoi 8847. -*ŏdium *s.* anoi 8849. -ui *num.* doi 8837, andoi 14168. -? — harnoi 8857, rebroi 9254, camppoi 14160 (cf. Godefroy: *champois* mit nur einer Belegstelle).

§ 107. Tir. 111 (11722—51) mit Reim *oir:*
-ēre (-*ēre) *inf.* aparoir 11722, decevoir 11741, *s.* pooir 11725. -ēre(s) *s.* oir 11730. -ēro *pr. i.* espoir 11731. -ērum *adv.* voir 11739, *s.* soir 11745. -*ĭgrum *a.* noir 11746. -*orium *s.* dortoir 11738.

§ 108. Tiraden mit dem Reim *oit:*
5 (8537—66) 92 (11148—77) 129 (12262—91) und 159 (13098—127), die jedoch alle *voist* im Reime aufweisen.
-audit *pr. i.* oit 11167. -ēbat *imp. i.* veoit 8738, voloit 8740; *cond.* maintenroit 12264, greveroit 12265. -*ēbat *imp. i.* sonioit 8537, umelioit 8542, apelloit 8544. -ebet *pr. i.* doit 8547. -*ēctum *adv.* endroit 8548. -ēti *a.* coit 12290. -ētum *a.* coit 11174. -*lat *pr. c.* soit 11164. -ibit *pr. i.* boit 12291. -ictum *a.* destroit 11170. -*ictum *s.* esploit 12277, ploit 12287. -ĭdet *pr. i.* voit 11169. -ĭgidum *a.* roit 11167. -? voist *pr. c.* 11165.

Weibliche *oi*-Tiraden.

§ 109. Tiraden mit dem Reim *oie:*
254 (16008—37) 310 (17678—706).
-*ēa *pron.* soie 16016. -ēbam *cond.* celeroie 17699, vengeroie 17707, morroie 17704. -*ēbat *pr. c.* doie 17695. -ēcam *s.* toie 17693. -ēcat

pr. i. proie 17696. -*ēdat *pr. i.* conroie 17690. -*ēdum *s.* -ĕgat *pr. i.* renoie 16011. -ētam *a.* coie 17634, *s.* soie 16013. -ĭam (-*ĭam) *pr. i.* soie 17703, *s.* voie 17688. -*ĭat *pr. i.* avoie 17681, voie 17706. -*ĭgam *s.* roie 16010. -ĭcat (-*ĭcat) *pr. i.* otroie 17705, reflamboie 17682. -*ĭdat *pr. i.* esfroie 17694. -ĭgat *pr. i.* raloie 16019. -ĭgita *s.* doie 16037. -odiat *pr. i.* anoie 16008.

Männliche *au*-Tiraden.

§ 110. Mit dem Reim *iaus* Tir. 10 (8697—723):

-ales *adv.* a. enviaus 8716. -alis *a.* roiaus 8702. -ellos (-*ellos) *s.* jouvenchiaus 8705, jumiauz 8703, tropiaus 8698, cembiaus 8711. -ellus (-*ellus) *s.* damoisiauz 8700, *a.* isuiauz 8714, biauz 8710, *n. pr.* abiaus 8706. illos *pron.* iaus 8704. -illos *s.* cheviaus 8701.

§ 111. Mit Reim *aus* Tir. 56 (10069—89):

-*abicum + s *s.* traus 90. -*alceum (incalceare) *s.* encaus 89. -*aldus *n. pr.* herquenbaus 70. -ale + s *s.* poitraus 98. -ales *pr. i.* vaus 95. -alis *a.* loiaus 72. -alidus *a.* caus 88. -allis *s.* vaus 92. -allos *s.* chevaus 71. -*allus *s.* baus 84. -alos *s.* maus 76. -alsus *a.* faus 77. -*alus (d. stal) *s.* estaus 96. -altos *s.* saus 79. -altus *s.* assaus 69. -*altus (d. walt) *s.* gaus 85. -alvus *a.* saus 93. -*ellos *s.* boiaus 91. -iculum + s *s.* solaus 87. -iculus *a.* vermaus 82. -illum + s *s.* consaus 78. -illos *pron.* aus 97. -olaphum + s *s.* caus 80. -olidos *s.* saus 73.

Männliche *eu*-Tiraden.

§ 112. Tir. 90 (11088—117) 164 (13308—37).

-ales *a.* carneus 11101, morteus 13310. -alis (-*alis) *pron.* teus 11095, *a.* cateus 11097. -elsus (ahd. helza) *s.* heus 11105, 13324. -illum + s *s.* conseus 13317. -illos *pron.* eus 11199, 13319. -ōcus *s.* jeus 13316. -*ōde + s *s.* preus 11109, *a.* 13325. -olus *a.* seus 11113. -ōsos *a.* desporteus 13318, vigreus 13331. -ōsus (-*ōsus) *a.* orguilleus 11088, aïreus 11089, cevallereus 11092. -ōtos *p. pf.* remeus 13320. -ōtum + s *s.* veus 13337. -ues *num.* deus 11024, 13308. -ŭpus *s.* leus 11100, 13334. -ussus *p. pf.* reskeus 11107.

Männliche *ó(ou)*-Tiraden.

§ 113. Tiraden mit dem Reim *on:*
20 (8985—9014, bis auf 9002 R.-T.) 35 (9440—69) 50 (9889—9918) 58 (10129—58) 175 (13638—67) 198 (14325—54) 231 (15318—47) 272 (16547—76) 284 (16905—33, R.-T. bis auf 16924) 297 (17288—317).

Rimarium.

-ōmen *s.* renon 8992, non 9442. -ŏmo *pron. indef.* on 9005. -*omum *n. pr.* mahon. -on *adv.* non 8991. -ōnem (-*ōnem) *s.* raison 8985, compaignon 13651, *n. pr.* karlon. -ōni *a.* bon 9445. -ōnl *s.* glouton 10150. -ōnum (-*ōnum) *s.* don 8996, esperon 14331. -ŏnum *a.* bon 9445, *s.* son 14350. -*úm *n. pr.* iesum 16924.

§ 114. Tiraden mit dem Reim *ons:*
91 (11118—47) 206 (14565—94).

Rimarium.

-omen + s *s.* nons 14567. -ŏmo + s *s.* hons 11137. -*omus *n. pr.* mahons 11147. -ōnem + s *s.* tenchons 11118. -ōnes (-*ōnes) *s.* -ongus *a.* longs 14574. -**on(i)tos** *p. pf.* semons 11139. -**ŏnos** *a.* -*ōnos *s.* (d. sporon) esperons 11136. ōnum + s *s.* dons 14585. -**ons** *s.* mons 11140. -*umus *pr. u. f. 1 pl.*

§ 115. Der Dichter sprach also dem Rimarium nach nasales *o*.

§ 116. Tiraden mit dem Reim *our:*
2 (8447—75) 142 (12652—78) 213 (14777—806) 264 (16307—36) 306 (17555—84).

Rimarium.

-**ōrem** (-*ōrem) *s.* valour 8447, fierour 17555, *comp.* mellour 8451 *n. pr.* anfour 8461. -*ōri *s. comp.* menour 8454. -**ōro** *pr. i.* aour 14784. -**ōrum** (-*ōrum) *pron.* lour 12657, *s.* pascour 8462, paiennour 16307. -*ōrum *s.* demour 17577. -**urrim** *s.* tour 8469. -*urmum (d. sturm) *s.* estour 8450. -**urnum** (-*urnum) *s.* jour 8449, tour 14786.

§ 117. Tir. 322 (18033—59) bis auf v. 59 R-T.
-*ōrem *s.* luour. -**ōs** *pron.* nous 36. -**ōsum** *a.* angoussous 35. -**ōsus** (-*osus) *a.* -*ōttos *pron.* tous 40. -**ŭbito** + s *pr. i.* dous 56. -**ŭbtus** *praep.* desous 34. -**ŭlcis** *a.* dous 54. -**ulsum** *s.* pous 53. -**ŭltus** *a.* estous 42. -**u(r)sum** *s.* rebous 50. -**ussum** *p. pf.* rescous 33.

Weibliche *ó*-Tirade.

§ 118. Tir. mit Reim *onne* 252 (15949—78):
-**ōnam** (-*onam) *s., n. pr.* -**ōnam** *a.* bonne 62. -**onat** (-*onat) *pr. s.* -? bonne 61 (God. = carreau mit 1 Beleg aus 1527).

Männliche *ò*-Tiraden.

§ 119. Tir. mit Reim *ors* 169 (13458—87):
-**auros** *s.* tors 83. -**aurum** + s ors 76. -**ora** + s *adv.* lors 70. -**orcos** *s.* pors 84. -**ordo** + s *pr.* -*ordus *s.* -**oris** *adv.* hors 66. -**ornu** + s *s.* cors 71. -**orpus** *s.* cors 65. -**orridus** *s.* ors 75. -**orsus** *p. pf.* -**ortes** *s.* sors 62. -**ortis** *a.* fors 59. -**ortium** *s.* esfors 63. -**ortos** (-*ortos) *s., p. pf.* -**ortus** (-*ortus) *a., s.* -**ortuus** *p. pf.* mors 78. -**orum** + s *pron.* lors 87. -? *p. pf.* enors 86 (= enortet. Beleg fehlt b. Godefroy).

§ 120. Tir. mit Reim *os* 105 (11542—76):
-**audes** *s.* los 48. -*auso *pr. i.* os 46, 60. -**ausum** *p. pf.* enclos 57. -**ausus** *p. pf.* enclos 64, desclos 53, clos 69. -**illos** *s.* civos 70. -*occos *s.* estos 66. -*occus *s.* estos 45. -*oppum + s *s.* galos 63. -**orsum** *s.* dos 65. -**os** *s.* os 67. -*oscum *s.* bos 42. -**ositum** *s.* pourpos 49, repos 51. -**ossum** *a.* gros 52. -**ostis** *s.* hos 61. -**ostros** *pron.* nos 59. -*ottus *a.* sos 56, mignos 50, *s.* ruissos 54. -*otus *s.* esquos 71, -**uctus** *s.* flos 55. -*uttus mos 47. -? edios 68.

Männliche *ü*-Tiraden.

§ 121. Tiraden mit dem Reim *ü*:
40 (9589—618) 117 (11902—31) 140 (12592—621) 168 (13428—57) 197 (14295—324) 203 (14475 - 504) 238 (15528—57) 242 (15649—78) 270 (16487—516).

Gemeinsames Rimarium.

-ŏcum *s*. ju 11922, 13440. -*ūcam *s*. festu 9610. -ūdi (-*udi) *a*. nu 15536, dru 15541, *s*. 11909. -ūdum *a*. nu 9590. -uit *pf*. fu 9600. -*ūm iesu 9617. -ūtem *s*. vertu 9591. -ūti (-*uti) *a*. menu 15539; *s*. escu 14498, mescreu 15533. -ūtum (-*ūtum) *p. pf.* irascu 9589, perdu 9592. *a*. agu 9597, *s*. escu 11931. -ū *pron. pers*. tu 9601.

Jŏcum begegnet also in der streng pikardischen Form *ju*.

§ 122. Tiraden mit dem Reim *ūs*:

9 (8667—8696) 57 (10099—128) 79 (10758—87) 84 (10908—37) 106 (11573—601) 221 (15016—45) 262 (16247—76).

-ubtus *praep*. sus 11573. -ūdos (-*ūdos) *s*. drus 8671, *a*. nus 15032, 10113. -ullus *pron. indef.* nus 8673. -u(r)sum *adv*. sus 10100. -us *comp*. plus 8675. -ūsos *p. pf.* confus 11594. -ūsum (-*ūsum) *part*. jus, *s*. refus 8696. -*ūdus (d. drūt) drus 10307, *a*. drus 10784. -ūtem + s vretuz 8693, salus 10765. -ūtos (-*ūtos) *s*. trëus, *p. pf.* grenus 10782, eus 11581. -ūtum + s *s*. escus 15036. -ūtus (-*utus) *p. pf.* venus 8667, *s*. escus 8681.

Weibliche *ū*-Tiraden.

§ 123. Tiraden mit dem Reim *ūe*:

22 (9048—77) 59 (10159—88) 102 (11452—81) 255 (16038—67).

-*ūbam *s*. nue 9056. -ūcam *s*. machue 9052. -ūdam (-*ūdam) *a*. nue 10164, drue 10160. -ūdat (-*ūdat) *pr. i.* tresue 11453, desnue 9055. -ūgam *s*. rue 9050. -*ūta *p. pf.* rendue 9057. -ūtam (-*ūtam) *s*. aiue 11461 (cf. 11037), *a*. ague 9052. -ūtat (-*utat) *pr. i.* argue 9048, tue 9061, aiue 9062.

§ 124. Tir. mit Reim *üre* 249 (15859—88):

-ūra (-*ūra) *a*. dure 15859, *s*. ambleure 15861. -ūram (-*uram) *a*. pure 15862, *s*. figure 15868, noureture 15863. -ūrat *pr. i.* endure 15872.

ui-Tirade.

§ 125. Tir. 11 (8724—43).

-qu]i(e)tum *s*. aquit 26. -*ocitum *a*. wuit 8733. -octi *p. pf.* cuit 8731. -octem *s*. nuit 8734. -octo wit 30. -octum *p. pf.* recuit 8725. -ōdiet *pr. c.* anuit 34. -ogito *pr. i.* quit 8729. -ossit *pr. c.* puist 8735. -*otti *pron. indef.* tuit 8743. -ūcet *pr. i.* reluist 36. -ūcit *pr. i.* conduit 8728. -uctum *s*. esduit 8738, deduit 8740, fruit 8732. -ūgit ruist 8742. -ūgit *pr. i.* refuit 8739. -*ūgitum *s*. bruit 8724. -? *pr. c.* truit 27.

Männliche *a(e)n*-Tiraden.

§ 126. Nur eine einzige Tirade zeigt Mischung von *an* und *en*, nämlich Tir. 6 (8567—608).

-andem *a*. -ando (-*ando) *ger*. plourant 8573, detordant 8569. -*audum *s*. commant 8598. -ante *praep* devant 8582. -antem (-*antem) *adv*. maintenant, *s*. enfant 8568, *p. pr.* raemant 8577. -anti (-*anti) *s*. auquant 8601, *p. pr.* arestant 93. -*entum *a*. dolant 8567. -ente *adv*. wraiement 8575, 8591, 8594, autrement 8597.

§ 127. Männliche *an*-Tiraden.

14 (8805—34) 23 (9078—107) 34 (9410—39) 44 (9709—38) 60 (10189—218) 65 (10339—68) 83 (10878—907) 118 (11932—61) 126 (12172—201)

131 (12322—51) 137 (12502—31) 147 (12798—827) 165 (13338—67) 176 (13668—98) 180 (13789—818) 186 (13965—94) 199 (14355—84) 207 (14595—624) 220 (14986—15015) 244 (15709—38) 263 (16277—306) 279 (16757—86) 283 (16875—904) 299 (17347—75) 321 (18003—32).

Gemeinsames Rimarium.

-andem *a.* grant 9410. -*andi *a. (s.)* li grant 8815. -ando (-*ando) *ger.* baisant 8806, proiant 8809, soustenant 8810. -*andum *s.* commant 9100. -ante *adv.* avant 8824. -antem (-*antem) *s.* enfant 8820, soudant 8819, *n. pr., p. pr.* sachant 9805, vivant 8808, *a.* poissant 8818, vaillant 8829. -*anti *p. pr.* creant 8823, *s.* enfant 15735, serjant 13979. -autum *adv.* tant 8816. -entem (-*entem) *s.* essiant 9413, 13817, *adv.* noiant 10204. -*entum *a.* dolant. Ueber ‚essiant, noiant, dolant' cf. Schweigel a. a. O. § 139.

Weibliche *an*-Tiraden.

§ 128. Tir. 316 (17855—83)

-anceam *s.* lance 60. anceat *pr.* lance 68. -anciam *n. pr.* france 69. -anciat *pr. i.* balance 64, avance 17976. -antiam (-*antiam) *s.* enfance 73, pesance 55. -anticem *s.* pance 65.

§ 129. Männliche *en*-Tiraden.

3 (8477—8506) 16 (8865—94) 29 (9260—89) 38 (9529—58) 45 (9739 —68) 55 (10039—68) 70 (10488—517) 75 (10638—67) 101 (11422—51) 113 (11782—811) 133 (12382—411) 144 (12709—38) 154 (13009—37) 172 (13548—77) 224 (15107—37) 233 (15378—407) 237 (15498—527) 247 (15799—828) 260 (16187—216) 276 (16667—96) 282 (16845—74) 293 (17173—201) 301 (17405—34).

Gemeinsames Rimarium.

-*entet *pr. c.* cravent 8877, 9282. -endit *pr. i.* prent 8480, descent 8483. -enitum *a.* gent 8489. -ente *adv.* faitement 8477. -entem (-*entem) *s.* gent 8487, escient 8501, 8888, *adv.* noient 8878, nient 9550. -*enti *a.* dolant (!) 8489, *s.* parent 9537. -entit *pr.* consent 8506. -entum (-*entum) *s.* present 8485, couvent 10498, *num.* cent 8499, *a.* dolant 8940, dolent 8876, pullent 8874, leut 11799, *n. pr.* witevent 10665. -inde *adv.* ent 8491, souvent 8873. Ueber escient, dolent cf Schweigel a. a. O. § 139. In v. 16201 ist ‚cors sonnant' sinnlos und wohl in ‚cors sanglent' umzuändern.

Weibliche *en*-Tiraden.

§ 130. Tir. 311 (17707—37).

-endam *s.* -*enditam *s.* teute 17712, reute 17727. -enitam *a.* geute 17716. -entam (-*entam) *s.* sente (17709), ateute 17713, jouvente 25, *a.* sanglante (!) 22, *pr. c.* mente 29. -entat (-*entat) *pr.* desmente 17707, tente 17712, sente 17714, atallente 15, carpente 21. -entham *s.* mente 17. -inta *num.* trente 23. imputam *s.* ente (gepfropfter Baum) 17710, ente (Schmerz) 17708.

§ 131. Abgesehen von Tir. 6 (8568—608), cf. § 126, findet sich keine Mischung von *an* mit *en*, wir sind daher wohl berechtigt, anzunehmen, dass Tir. 6 nicht in ihrer ursprünglichen Form überliefert ist.

dären auf -*es*: *sires* 8695, 88636, 9298, *peres* 8979, 10694, *freres* 9364, 16413 u. s. w. Nur in v. 12183 sollten wir *pere* erwarten, doch ist nach 12190 und 95 *mere* dafür einzusetzen.

§ 133. Die sekundäre Femininform zeigt sich in *tele* 9294, *grande* 10720, *quele* 8780, 14960, *grandes* 8431, *vilement* 8922 u. s. w. Daneben *grans* 8432 u. s. w.

§ 134. Ein *e* vor dem *r* des Futurs der Verben der Stamm- und *e*-Conjugation erscheint in: *conbatera* 9399, *desfendera* 9404, *venderai* 9429, *averai* 9588, *prendera* 9857, *ardera* 9842, *atenderons* 11142, *viveres* 12392, *atendera* 13210, *meteres* 14403, *renderes* 17774. Ausnahmen: *verrez* 8792, *arai* 8819, *aront* 8816, *ara* 9844, *atendront* 9981, *prendrai* 10135, *rendrai* 11796 u. s. w. Aber auch das *e* im *Fut.* der *a*-Conjugation fehlt zuweilen z. B.: *amenra* 9858, 10485, *donres* 14959, *donront* 9243, 14920 u. s. w.

§ 135. Die pikardische Form der ersten Person des Plur. auf -*mes* kommt nicht vor.

§ 136. Das *ie* der zweiten Person des Plural des Imperfects und Conditionals gebraucht der Dichter, wie im Pikardischen, stets einsilbig: *aries* 8950, *avies* 9747, *perderies* 12124, *aideries* 12638, *porries* 13510, *feries* 14153, *series* 14520, *arderies* 16919, *abateries* 16924. *avies* 17426 u. s. w.

§ 137. Inlautendes *e* vor Vokal ist geschwunden in: *vir* 8548, 12239, *benoite* 11900, *but* 12057 u. s. w. Dagegen: *rechëus* 8669, *vëus* 8678, *trëus* 8683, *sëur* 8866 u. s. w.

§ 138. Elision des *u* in *tu* zeigt sich in v. 10131: *cuivers dist il t'aies maleïchon* 10131.

§ 139. Für unbetontes *nostre, vostre* kennt der Dichter auch *no, vo*: *vo* (o. m.) 8492, *no* (n. m.) 8517, *vo* (o. f.) 9072, *no* (n. m. pl.) 9145, *vo* (n. f.) 9348 u. s. w.

§ 140. Elision des *i* in *qui* vor Vokal ist nicht zu belegen.

B. Sprache des zweiten Teils der Chanson de Godin.

1. Metrum.

§ 141. Was das Metrum dieses zweiten Teils der Chanson de Godin betrifft, so zeigt derselbe durch Assonanz verbundene zehnsilbige Verse mit gewöhnlichen und epischen Reihenschlüssen. Lyrischer Reihenschluss begegnet nicht, dagegen weist ein Drittel der Verse den epischen auf.

2. Assonanzen.

§ 142. Männliche *a*-Tiraden:
326 (18169—85) 328 (18222—64) 336 (18636—71) 338 (18761—803) 340 (18816—30).

Gemeinsames Rimarium.

-abes *pr. i.* as 18658. -abet *fut.* ara 18178, *pr.* a 18235. -adit *pr. i.* va 18241, 18647. -alem (-*alem) *s.* nasal 18795, *a.* roial 16264. -ales *a.* mortaus 18670. -allem *s.* val 18181, *adv.* contreval 18225. -allum (-*allum) *s.* ceval 18179, estal 18185, vasal 18638. -alum *s.* mal 16650. -*altum (smaltjan) *s.* esmal 18794. -am *adv.* ja 18244. -ardum (-*ardum) *s.* musart 18656, *n. pr.* rohart 18772. -*ardus *n. pr.* crompars 18639. -arnem *s.* car 18183. -artit *pr. i.* part 18779. -artum *num.* quart 18780. -assum (-*assum) *part.* pas 18237, *p. pf.* quas 18783, *s.* tas 18785. -atuit *pr. i.* abat 18781. -*attum *s.* debat 18651. -avit (-*avit) *pf.* -ecce + hac *adv.* cha 18171. -illac *adv.* dela 18177.

§ 143. Die Form *va (vadit)* 18241, 18647 ist für den Dichter gesichert.

§ 144. Assonanzen von *ai : a* begegnen nicht.

Männliche *é*-Tiraden.

§ 145. Tir. 323 (18060—85) 325 (18099—168) 327 (18186—221) 329 (18265—355) 333 (18453—521) 335 (18551—635) 337 (18672—760) 339 (18804—15) 341 (18831—947).

Gemeinsames Rimarium.

-abem *s.* tre 18289. -abes *s.* tres 18084. -*adum *s.* ble 18590. -alem (-*alem) *a.* principel 18330, *s.* ostel 18515, amirel 18574, 18605, *adv.* autrestel 18102. -alis *s.* amires 18495. -allud *neutr.* el 18464. -ansus *p. pf.* remes 16813. -ansos *p. pf.* remes 18503. -are (-*are) *inf.* demorer 18061, aprester 18741. -arc *s.* mer 18109. -arem *s.* sengler 18758. -ares (-*ares) *s.* senglers 18457, bacelers 15814. -aret *pr. i.* apert 18485. -aris *s.* bacelers 18915. -aro *s* ber 18752. -aro + s bers 18143. -arum *a.* cler 18101. -arus *s* clers 18165. -asum *s.* nes 16917. -atem *s.* crestiente 18125, cite 18100. -atem + s *s.* verites 18693. -ati (-*ati) *p. pf.* areste 18074, alet 18145. -atis (-*atis) *pr. i., imper. fut.* entendes 18066, 18283, sares 18345 -atis *adv.* asse 18160. -atos (-*atos) *p. pf.* navres 18078, *s.* les 18086. -atum (-*atum) *p. pf.* amene 18065, *a.* rame 18073, *s.* coste 18107, regne 18124. -atus (-*atus) *p. pf.* trespasses 18060, ales 18075, *s.* prives 18108.

§ 146. Das Bartsch-Mussaffia'sche Gesetz hat volle Geltung.

Männliche *i*-Tiraden.

§ 147. Tir. 331 (18387—437).

-*ecco + hic *adv.* ici 18390. eccu'hic enqui 18406. -*éco *pr. i.* pri 18405. -ectum *s.* lit 18420. -c]edem *s.* merchi 18410. -e(n)sem *s.* marcis 18430. -e(n)sum *p. pf.* pris 18414. -c]ere *s* plaisir 18397. -erium *s.* desir 18401. I = ē *pron. disj.* mi 18433. -ici *s.* ami 18399. -ictum *p. pf.* dit 18388. -idi *pf.* vi 18425. -ilis *a.* gentis 18389, 18418. -ilium *s.* fil 18419. -*īnus *n. pr.* godins. -*īnum *s.* samin 18407, *a.* marbrin 18426. -īre (-*īre) *inf.* tenir 18393, oir 18429, mentir 18432. -īrium *s.* souspir 18413. -īssus *p. pf.* mis 18409. -īsum *s.* vis 18415. -*ītl *p. pf.* conjoi 18403. -ītus *p. pf.* vertis 18408. -ītum *p. pf.* votis (!) 18435. -*īvī *pf.* nasqui 18412. -*īvīt *pf.* esjoi 18492. -*īxīt *pf.* dist 18404.

§ 148. Das disjunktive Pronomen in der Form *mi* ist dem Dichter also bekannt: *mi* 18433.

§ 149. Vokalisation des *l* ist nicht eingetreten in der Endung *īlis: gentis* 18389, 18418.

Männliche *o(on)*-Tiraden.

§ 150. 324 (18087—98) 330 (18356—86) 332 (18438—52).

Gemeinsames Rimarium.

-ōmo *s.* preudon 18090, *pron.* on 18441. -ōmo + s *s.* hons 19378. -ōnem (-*ōnem) *s., prp., n. pr.* -ōnes *s.* donjons 18377. -ontem + s *s.* -ōrem (-*ōrem) *s.* valour 18095, honnour 18096. -*ōrem + s *s.* amacours 18094. -ōres *s.* traitours 18099. -*ōrum *s.* demour 18360. -ōs *pron. disj.* nous 18376, nos 18450. -*ōttos *pron.* -*umus *pr. fut.* -undum *s.* -*unt *fut.* urnos *s.* -urnum *s.* -urnus *s.* -urrim *s.*

§ 151. Dem Rimarium nach sprach der Dichter kein nasales o.

a(e)n-Tirade.

§ 152. Tir. 334 (18522—50).

-andem *a.* grant 44. -ando *pr. i.* demant 50, *ger.* contant 38. -ante *praep.* devant 42. -antem *s.* enfant 31, 36, *a.* vaillant, *adv.* maintenant 27. -antem + s *a.* -*antes *s.* soudoians 35. -*anti *p.* atendant 48 -ende *imper.* entent 22. -enitum *a.* gent 23. -ente *adv.* longement 25, -entem (-*entem) *s. adv.* -*ento *pr. i.* ment 40. -entum (-*entum) *s.* present 24, tenement 29. -? monbranc *n. pr.*

§ 153. Dieser Teil der Chanson weist demnach Mischung von *an* und *en* auf.

3. Silbenzählung.

§ 154. Der ursprüngliche Nominativ des Singular der Substantive auf *-e* begegnet nicht, es findet sich stets der sekundäre auf *-es*. Nur v. 18368 wäre *peres* in *pere* umzuwandeln, da der Vers eine Silbe zu viel zählt, wenn nicht *Et* besser getilgt würde.

§ 155. Die sekundäre Femininform des Adjektivums begegnet in: *grande* 18842; sonst erscheint durchweg die ursprüngliche, z. B.: *grant* 18127, 18195, 18203, 18274, *quel* 18324.

§ 156. Ein *e* vor dem *r* des Futurs der Verben der Stamm- und *e*-Conjugation erscheint in *averons* 18549, *rendera* 18663, *siveres* 18701 u. s. w. Ausnahmen: *ara* 18178, *venra*

18260, *sares* 18347 u. s. w. Dagegen fehlt das *e* im Futurum der *a*-Conjugation in: *aidrai* 18130, *vengra* 18651, *arestra* 18662, *trouvra* 18666. *demora* 18667, *vengrons* 18670 und muss getilgt werden in: *aproimervies* 18369.

§ 157. Die pikardische Form der ersten Person des Plural auf -*mes* begegnet nur in: *retourronmes* 18669 (im Reihenschluss).

§ 158. Das *ie* der zweiten Person des Plural des Imperfekts und Conditionals ist einsilbig: *avies* 18427, *vorries* 18836.

§ 159. Inlautendes *e* vor Vokal ist meist erhalten, teils silbenbildend, teils stumm: *ëut* (!) 18441, *raseüre* 18494, *beneïr* 18844; es ist stumm in: *veoir* 18202, *meure* 18455 u. s. w.

§ 160. *t'* für *tu* findet sich nicht.

§ 161. Für unbetontes *nostre*, *vostre* begegnet *no*, *vo* häufig: *vo* (o. m.) 18307, *no* (*n. f. pl.*) 18715, *no* (*o. m.*) 18748.

§ 162. Elision des *i* in *qui* vor *est* begegnet in 18225: *qu'est logie* und 18318 *qu'est faes*, falls man nicht *qui'st* lesen will.

C. Die Sprache des Roman d'Auberon.

1. Metrum.

§ 163. Das Metrum des Roman d'Auberon besteht im Grossen und Ganzen aus unter einander reimenden Zehnsilblern mit gewöhnlichen, lyrischen und epischen Reihenschlüssen.

§ 164. Ausser den zehnsilbigen Versen begegnen hin und wieder Alexandriner. Ihre Zahl ist jedoch gering und sie werden keinesfalls dem ursprünglichen Verfasser des Romans angehören, sondern vielmehr einem späteren Ueberarbeiter zuzuschreiben sein. Es lassen sich dieselben auch, wie das Gaston Paris bereits Romania VII, S. 357 bemerkt und an einigen Beispielen erläutert hat, auf Zehnsilbler zurückführen: In 512 tilge man *en ot*; 1387 tilge *dist et*; 1394 setze *quant celle avoec l'ainsne chou escouta*; 1532 bessere *milliu* statt *compaignie*; 2153 bessere *ceste saison* statt *en iceste saison*; 2229 tilge *et bien*; 2230 bessere *o les chevaus* statt *avec les chevaus*; 2231 bessere *eil qui a lui* statt *et tuit cil qui a lui*; 2232 bessere *as bachelers* statt *a tous les bachelers*; 2236 tilge *grant*; 2279 tilge *sachies*; 2280 tilge *et* und *si*; 2281 tilge *apres*; 2282 tilge *trestous*; 2283 bessere *s'est*; 2301 tilge *qui*; 2423 tilge *vivre*.

§ 165. Was die Mischung von lyrischen und epischen Reihenschlüssen betrifft, so ist, wie in der Chanson de Godin, das Verhältnis von den lyrischen Reihenschlüssen zu den epischen durchaus nicht überall das gleiche. Während in den ersten 1000 Versen die lyrischen die epischen überwiegen, erscheinen in dem letzten Teile des Romans (1000—2468) diese weit häufiger als jene. Es betragen in v. 1--1000 die lyrischen etwa 7,3 und die epischen nur 3,2 Procent, davon gehen drei fehlerhafte Verse (967, 707, 712) und 13 solche ab, wo der tonlose Vokal elidirt wird, es bleiben also thatsächlich nur 1,4 Procent übrig. Dagegen betragen in v. 1000 —2468 die lyrischen nur 2 und die epischen über 10 Procent.

Man sieht, dass mit Zunahme der epischen Reihenschlüsse eine Abnahme der lyrischen bemerkbar wird, und es ist daher nicht anzunehmen, dass die Mischung von epischen und lyrischen Reihenschlüssen in unserer Dichtung ursprünglich vorhanden war.

Welche aber waren hier ursprünglich vorhanden? In der Chanson de Godin mussten die lyrischen als die ursprünglichen betrachtet werden (cf. § 63), und wir schrieben die epischen den beiden Kopisten zu. Da nun der Kopist des Roman d'Auberon identisch ist mit dem Kopisten *A* (cf. S. 7) der Chanson de Godin, so werden wir auch hier zu der Annahme berechtigt sein, dass die lyrischen Reihenschlüsse ursprünglich vorhanden waren und dass die epischen von einem Ueberarbeiter, dem Kopisten *A* herrühren, der sie mit immer grösserem Erfolg auf Kosten der lyrischen einführte.

§ 166. Die Verse mit epischem Reihenschluss lassen sich leicht in solche mit gewöhnlichem oder lyrischem umwandeln. In 400, 553, 735, 777, 824, 1033, 1099, 1137, 1141, 1287, 1356, 1365, 1413, 1501, 1636, 1666, 1690, 1701, 1727, 1732, 1764, 1818, 1835, 1894, 1931, 1936, 1974, 1998, 2034, 2097, 2113, 2117, 2133, 2135, 2154, 2241, 2300, 2348, 2369, 2425, 2444, 2450 tilge *et*; 314 bessere *Vos pere* (?) *est mort* statt *Mors est vos peres*; 405 setze *Et la tierce Sebille fu nommee Et la quarte Marse tient grant contree*; 459 bessere *Qui estoit de la quarte fee dis* oder *qu'ot este de la quarte fee dis* (cf. § 207); 530 bessere *D'une fee* statt *De quatre fees*; 605 bessere *vo* statt *vostre*; 706 bessere *l'eure* statt *celle eure*; 707, 712 bessere *Vint en une lande* statt *En une lande vint*; 909 bessere *En la lande ot* statt *Ot en la lande*; 925 bessere *Celle* statt *Icelle*; 967 stelle *aimables* und *debonnaires* um; 1025, tilge *Droit*; 1026 tilge *La*; 1044 bessere *L'* statt

Li; 1065 bessere *elle* statt *la dame;* 1092 bessere *mil;* 1095 bessere *L'* statt *Li;* 1111 tilge *Droit;* 1113 bessere *Le peule en tel maniere en delivra;* 1148 bessere *Dont Cesaires s'est d'ilueques sevres;* 1153 tilge *v;* 1175 bessere *Tuit* statt *Tous jours;* 1177 tilge *Ja;* 1189 tilge *ie;* 1191 bessere *L'* statt *Li;* 1205 tilge *Bons;* 1212 bessere *Ses cors fu de gens faees ravis;* 1228 tilge *tous:* 1232 bessere *Que* statt *Par coi;* 1236 bessere *Dist* statt *Respont;* 1242 tilge *rois;* 1248 bessere *rois* statt *sire;* 1249, 1254 bessere *Cesars* (cf. 1160); 1251 bessere *dist* statt *respont;* 1292 bessere *Si* statt *Aussi;* 1299 bessere *Avoec* (cf. 1317); 1311 tilge *Biaux;* 1313 bessere *De gent faee;* 1337 tilge *la;* 1351 bessere *trouvent;* 1398 bessere *souhait;* 1403 bessere *Quant* statt *Puisque;* 1421 bessere *l'* statt *li;* 1437 bessere *Dont* statt *Adont;* 1453 tilge *Tout;* 1504 tilge *Car;* 1512 bessere *vos* statt *vostres;* 1528 bessere *Dusque;* 1563 bessere *Par* statt *Parmi;* 1570 tilge *Ens;* 1589 bessere *mont* (cf. 1379); 1592 bessere *armure* (cf. 1595); 1598, 1603 bessere *armes* statt *armures;* 1620 bessere *tout* statt *trestout;* 1657, 1692 bessere *L'* statt *Li;* 1659 tilge *Bien;* 1662 tilge *Frans;* 1670 bessere *S'en;* 1685 bessere *L';* 1686 tilge *Ja;* 1708 bessere *L';* 1715 tilge *Que;* 1716 bessere *grans;* 1726 bessere *L';* 1729 tilge *Au;* 1805 tilge *Car;* 1815 tilge *li;* 1846 bessere *Dont* statt *Adont;* 1853 tilge *haut;* 1873 bessere *Qui flame et fu;* 1880 tilge *que;* 1893 bessere *Vers* statt *Envers;* 1897 tilge *la;* 1899 bessere *com* statt *comme;* 1919 tilge *roi;* 1920 bessere *le liu* statt *la terre;* 1940 bessere *des* statt *de ses;* 1944 bessere *sous* statt *desous;* 1945 tilge *homes;* 1951 tilge *li;* 1956 tilge *s'en;* 1960 bessere *Et* statt *O eus;* 1969 bessere *De vitaille a;* 1987 tilge *se;* 1989 bessere „amie" statt *a s'amie;* 1996 tilge *i;* 2019 bessere *Quant reposee et sainne fu;* 2023 tilge *par;* 2027 bessere *En Romme erent;* 2029 tilge *tel;* 2032 bessere *De la dame que verite li die;* 2054 bessere *L'* statt *Li;* 2068 bessere *S'* statt *Se;* 2071—2 bessere *et la barbe mellee Par la vierge au vis fu resoude* (Godefroy hat keinen poetischen Beleg für *resouder);* 2082 bessere *Dont* statt *Adont;* 2084 bessere *L'* statt *Li;* 2087 bessere *Par* statt *Parmi;* 2095 bessere *L'empereres fu de cest mont passes;* 2104 tilge *si;* 2132 bessere *D'Honguerie;* 2155 bessere *En Honguerie iere a* (cf. 1048 etc.); 2162 tilge *en;* 2163 tilge *que;* 2168 bessere *Tost* statt *Tontost;* 2186 tilge *Ens;* 2198 bessere *la* statt *celle;* 2235 bessere *mena;* 2245 bessere *tout* statt *trestout;* 2269 bessere *O* statt *Avec;* 2278 bessere *estoint* statt *s'estoint;* 2353 bessere *guise* statt *maniere;* 2386 tilge *je;* 2422 tilge *i;* 2427 bessere *poignent* statt *s'espoignent;* 2430 tilge *lor;* 2435 bessere *haute mer;*

2436 tilge *grans;* 2437 tilge *qui;* 2441 tilge *ens;* 2457 tilge *mais;* 2465 bessere *Bordeaux* (cf. 2357, 2429).

§ 167. Wie bei dem ersten Teil der Chanson de Godin so wird auch für den Roman d'Auberon eine ältere Vorlage anzunehmen sein, die neben gewöhnlichen Reihenschlüssen nur lyrische enthielt.

2. Reime.
Männliche *a*-Tiraden.

§ 168. Tir. 2 (33—133) 9 (429—455) 15 (676—765) 23 (1080—1113) 30 (1357—1422) 37 (1682—1746) 40 (1827—1939) 46 (2164—2217) 49 (2318—2369).

Gemeinsames Rimarium.

-**abet** *fut.* nasquira 33, *pr. i.* piech'a 83, *a.* 2368. -**adit** *pr. i.* va 441, 750, 1397. -**am** *adv.* ja 50. -**avit** (-*avit) *pf.* -*ecce + hac *adv.* cha 738. -**illac** *adv.* la 112, 450.

§ 169. *va* (vadit) 441, 750, 1397 ist also für den Dichter gesichert.

§ 170. Verwechselung von *ai* und *a* findet sich nicht.

Weibliche *a*-Tiraden.

§ 171. Tir. 6 (259—88).

-**abiem** *s.* rage 277. -**adiat** *pr. i.* gage 288. -**aginem** *n. pr.* Cartage 271. -**apio** + ego *pr. i.* + *pron.* saige 269. -**aticum** (-*aticum) *s. a.* -*apiam *a.* sage 285.

Weibliche *ai*-Tiraden.

§ 172. Tir. 21 (993—1024).

-**acĕre** (-*acĕre) *s.* afaire 1003, meffaire 1021, *inf.* faire 1001, taire 1004, desplaire 1017. **aera** *s.* aire 99. -***ágere** *inf.* braire 1018. **ahĕre** *inf.* retraire 1000, traire 1008, atraire 1009, traire 1008. -***algarum** gaire 14. -***aj(o)rat** *pr. i.* maire 996. -**arcat** *pr. c.* paire 997. -**aria** *a.* vaire, *s.* contraire 1007. -***ariat** *pr. i.* esclaire 1005. -**arium** (-*arium) *s.* exemplaire 998, *n. pr.* Casaire, *a.* necessaire 1013. -**atrio** *pr.* -***atrium** *s.* repaire. -? *s.* haire 995.

Männliche *e*-Tiraden.

§ 173. Tiraden mit dem Reim *e:* 31 (1423—97) 48 (2249—2317), erstere bis auf v. 1430, 54, 65, 71 R-T.

Gemeinsames Rimarium.

-**atem** (-*atem) *s.* -**ati** (-*ati) *s.* -**ates** *s.* -**atis.** -**atum** (-*atum) *s., a., p. pf.* -***atos** *p. pf.* -**atus** *p. pf.* -**eum** de 1493.

§ 174. Tirade mit Reim *er:* 5 (233—258).
-**are** (-*are) *inf.* -***ari** *s.* per. 247.

§ 175. Tiraden mit dem Reim *es*:
12 (508—94) 16 (766—822, bis auf 820 R-T.) 19 (934—58) 24 (1114—1158, R-T bis auf 1125) 28 (1268—1324, R-T. bis auf 1319) 39 (1801—26) 41 (1940—2018, R-T. bis auf v. 62 u. 87) 44 (2082—2137) 50 (2370—407, R-T. bis auf 2377).

Gemeinsames Rimarium.

-abes *s.* tres 522. -ales *s.* hostes 522. -alis *a.* tes 568, 578, *s.* noes. -a(n)sus *p. pf.* remes 1152. -atcm + s (-*atem + s) *s.* -*ates *s.* parentes 544. -atis (-*atis) *imper., pr. i. fut., adv.* asses 589, ses 1296. -atos (-*atos) *p. pf.* trespasses 509, *s.* les 512. -atum *s.* pres (!) 521. -atus (-*atus) *p. pf., s.* -eus *s.* des 592.

§ 176. Tir. 51 (2408—68) ist eine A-R-T.
-alem *s.* -are (-*are) *inf.* -arum (-*arum) *a.* cler, *n. pr.* -atem *s.* plente 2422. -ati (-ati) *p. pf.* -*atis *fut.* -atum (-*atum) *p. pf.* -*atus *s.* barnes 2424. -aves *s.* nes 2430; *p. pf.* in Verbindung mit *avoir* nach weibl. Objekt: oublie 2425, destornet 2436, mene 2426.

§ 177. Das Bartsch-Mussafia'sche Gesetz hat volle Geltung.

Weibliche *e*-Tiraden.
§ 178. Tir. 8 (352—428) 18 (870—933) 43 (2056—81).

Gemeinsames Rimarium.
-*adat *pr. i.* -ata (-*ata) *p. pf., s., a.* -atam (-*atam) *s., p. pf. a.* -*atat *pr. i.* -? devee 898.

Männliche *i*-Tiraden.
§ 179. Tir. 4 (192—232) 10 (456—493) 22 (1025—79) 26 (1191—1238), bis auf v. 1199 R-T. 38 (1747—1800).

Gemeinsames Rimarium.
-aeos *n. pr.* Juis 1770. -*aesum *p. pf.* conquis 199. -*aesus *p. pf.* -ĕcem *num.* dis 1210. -ĕci *pf.* fis 1067. -ĕcs *num.* sis 204. -ĕctos *p. pf.* desconfis 193, *s.* lis 217. -ĕctus *s.* pis 207, *p. pf.* desconfis 1074. -c]ēdes *s.* mercis 1238. -ĕgis *pr. i.* lis 470. -ĕjus *comp.* pis 210. -*ē(n)se *s.* pais 201. -*c]ē(n)ses *s.* marcis 472. -*c]e(n)sis *s.* marcis 205. -ē(n)sos *p. pf.* pris 195, apris 1219. -ē(n)sum *p. pf.* pris 1041. -ĕssus *p. pf.* assis 218. -ĕtium *s.* pris 209. -icis *pr. i.* dis 1236. -*iclos *s.* laris 1193. -iclum *s.* juis 1076. -icos *s.* amis 194. -*ictum + s *s.* dis 464. -*ictus *p. pf.* dis 459. -icus *s.* anemis 1053 -idus *a.* fis 476. -*iēs *adv.* toudis 462, *s.* dis 1780. -ilis *a.* gentis 200, 1031. -illos *s.* fis 461, lis 1068, 1222. -illum *s.* fil 1199. -illus *s.* fis 1047. -iptum + s *s.* escris 228. -*isco *pr. i.* plevis 1753. -*isium *a.* bis 485. -*iso *pr. i.* devis 1754. -issum *p. pf.* promis 469. -issus *p. pf.* mis 196. -*istns *n. pr.* Jhesuscris 1798. -isum *p. pf*, ocis 192, *s.* devis 215, *a.* vis 1034 -*itium *s.* fereïs 224. -itos (-*itos) *p. pf. a., s.* -*ittos *s.* petis 465. -*ittus *a.* petis 1070. -itum + s *adv.* envis 216. -itus (-*itus) *p. pf.* revertis 203, esbahis 206, *a.* hardis 1192, *s.* esperis 1778. -*iu + s *adv.* jadis 1776. -*i(vi)tes *s.* cis 1224. -ivus (-*ivus) *a.* hastis 220, poestis 232, pensis (!) 469, vis 487, 1039.

§ 180. Tir. 34 (1605—1632) A-R-T.
-*aeslt *pf.* requist 1624, conquist 1632. -ŏclt *pf.* fist 1608. -ŏctum *s.* despit 1622. -esslt *pf.* sist 1619. -*ŏtium *s.* tapis. -*Ictum *p. pf.* dit, *s.* contredit 1611. -ldlt *pf.* vit 1617. -Iptum *s.* escrit 1606. -Islt *pf.* ocist 1609. -Isset *plusqupf.* -*Istum *n. pr.* Jhesucrist 1630. -*Ittum *a.* petit 1616. -*Itum *p. pf.* honnit 1628. -Ivlt *pr. i.* vit 1621. -*l(vl)tem *s.* cit 1605.

§ 181. Die Reimworte *gentis* 200, 1031 *fis* 461 zeigen, dass Vokalisation des *l* nach *ī* nicht eingetreten ist.

§ 182. Die Endung *īvus* ergab *is:* *hastis* 220, *poestis* 232, *pensis* 470, *vis* 487.

Weibliche *i*-Tiraden.

§ 183. 13 (595—628) 42 (2019—2055).
-aeta *a.* lie 2024. -aetam *a.* lie 619. -*e]atam *s.* cauchie 2047. -*ĕcat *pr. i.* prie 605, 2031. -Ia (-*Ia) *s.* compagnie 2026. -Iam (-*Iam) *s.* signourie, *n. pr.* Persie 2035. -*c]ŏdat *pr. i.* merchie 617. -Ica *adv.* mie 595, *s.* amie 610. -Icat (-*Icat) *pr. i.* otrie 2043, *pr. c.* die 2032. -*Ico *pr. i.* otrie 612. -Idat *pr. i.* fie 2054. -Ido *pr. i.* afie 604. -*Ion]atam *s.* maisnie 2030. Ir]ata *a.* irie 603, 624. -Ita *p. pf.* esmarie 2046. -Itam (-*Itam) *s.* vie 596, *p. pf.* garnie 2023. -*j(u)tam *s.* aïe 627. *p. pf.* mit esse: -*e]ata esjoie 2041; -i]ata (-*i]ata) haitie 597, souhaidie 602, avilie 607, changie 609, envoiie 613, apaisie 626, nonchie(s) 628, essaucie 2042; *p. pf. als a.* -gn]ata ensaignie 620, 2053; *p. pf. mit habere* l]atam: baisie 618, fianchie 2037, prisie 2050, saisie 2051, convoie 2055; lg]atam acuellie 2021. -*Ion]atam araisnie 2052. -xatam *p. pf.* laisie 625. -gnlt]atam *p. pf.* acointie 2036.

§ 184. *ie* = *iee* begegnet also in: *acointie, acuellie, apaisie, araisnie, avilie, baisie, changie, convoie, ensaignie, envoiie, essaucie, irie, fianchie, haitie, laisie, lie, mainsie, nonchie(s), prisie, saisie, souhaidie*.

Männliche *ie*-Tiraden.

§ 185. Tiraden mit dem Reim *ier:* 3 (134—191) 17 (823—869) 33 (1515—1604).
-aero *pr. i.* quier 851. -*ati(o)n]are *inf.* raisnier 171. c]are (-*c]are) *inf.* pecoiier 164, paier 161. -*cc]are *inf.* trebucier 170. -c]arum *a.* -*c(l)t]are *inf.* esploitier 1545. -et]are *inf.* afaitier 1552. -*c(n)l]are *inf.* agenouiller 850. -*g]are *inf.* esmaier 180. -g(i)t]are *inf.* quidier 844. -gn]are (-*gn]ure) *inf.* -gnlt]are *inf.* acointier 849. -i]are (-*i]are) *inf.* commenchier atargier 140. -Igll]are *inf.* esveillier 830. -*j(o)r]are *inf.* enpirier 173. -*j(u)lare *inf.* baillier 1598. -Itare criier 1563. -j(ut)]are *inf.* aidier 146. -x]are *inf.* laissier 1529. -aril (-*aril) *s.* boutillier 1524, escuier 1523, chevalier 1532. -arium (-*arium) *s.* vinier 135, chevalier 151, *a.* doublier 167. -ĕrem *s.* moullier 834. -ĕri *adv.* ier 152. -ĕrum *a.* fier 181. -ĕrium *s.* desirier 142, mestier 157. -ĕtro *adv.* arrier 138.

§ 186. Tiraden mit dem Reim *ies:* Tir. 14 (629—675) 27 (1239—67).
-aetus *a.* lies 634. -*c]apum + s meschies 633. -*c]atis *imper.* 653. -e]atis *imper.* -i]atis (-*i]atis) *imper.* oies 639, *pr.* sachies 630, soies 636.

-eb]atis *impf.*, -it]atis *pr.* -*c]atos *p. pf.* marchies 650. -*iatos *s.* -*cc]atos *p. pf.* huchies 644. -*g]atus *p. pf.* esmaïes 654. -*ation]atus *p. pf.* araisniet 1247. -c]atus *p. pf.* coucies 1243. -gn]atus *p. pf.* ensengnies 642. -i]atus (-*iatus) *p. pf.* -ie]atus *p. pf.* forgies 664. -*icul]atus *p. pf.* -ir]atus *a.* iries 669. -x]atos *p. pf.* -x]atus *p. pf.* eslaisies 652. -ĕdem + s *s.* pies 640. -*ĕhos *s.* fies 643. -*ĕtos *a.* vies 1241. -ĕves *a.* bries 663. -*ĕvis *a.* gries 1246.

§ 187. Gesichert ist die Einsilbigkeit des *ie* im Impf. und Plusquampf. *avies* 637, *cuidies* 645, *faisies* 1248, *souhaidies* 1252, *fussies* 661, *veissies* 662.

Männliche ó(ou)-Tiraden.

§ 188. Tiraden mit dem Reim *on*: 35 (1633—1652, bis auf v. 1644 R-T.) 45 (2138—63).

-omen *s.* renon 2160. -ōmo *pron.* on 1640. -on *adv.* non 1639. -ōnem (-*ōnem) *s.* -*ōni *s.* baron 2138. -ōni *a.* bon 2146. -ōnum (-*ōnum) *s.* don 1636, *a.* Breton 2159, *n. pr.* Auberon 1633. -ōnum *a.* bon 2152. -*ōrum *s.* demour.

§ 189. Der Dichter sprach also jedenfalls nasales *o*.

§ 190. Tir. 25 (1159—1190) mit dem Reim *o(ou)r*.

-ōrem (-*ōrem) *s.* flour 1159, contour 1165, *comp.* maiour 1163. -*ori *comp.* pluisour 1162. -*ornum *s.* atour 1161, *praep.* entor 1166. -urrim *s.* tour 1186. -*urmum (d. sturm) *s.* estour 1183. -urnum *s.* iour 1160, sejour 1185.

Weibliche ò-Tiraden.

§ 191. Tir. 11 (494—507).

-orta *p. pf.* entorte 494. -ortam (-*ortam) *p. pf.* torte 506, *s.* sorte 406. -ortat (-*ortat). -ort(u)a *p. pf.* morte 507.

Männliche *eu*-Tirade.

§ 192. Tir. 1 (1—32).

-aeus *n. pr.* Machabeus 12. -alis (-*alis) *a., s.* -*ecce + illos *pron.* ceus 3. -illos *pron.* eus 8. -ōcos *s.* lieus. 24. -*ōdis *s.* preus 1, *a.* preus 27. -ōlus *a.* seus 32. -ōsos *a.* amoureus 5. -ōsum *a.* gloriëus 21. -ōsus (-*ōsus) *a., n. pr.* -ŭos *num.* deus 17.

Männliche *oi*-Tirade.

§ 193. Tir. 29 (1325—1356).

-aucum *a.* poi 1334. -audi *imper.* oi 1325. -ē *pron. disj.* soi 1328, moi 1329, toi 1338. -ēbeo *pr. i.* doi 1335. -*ēco *pr. i.* proi 1327. -ectum *adv.* endroit 1350. -ēdo *pr. i.* croi 1330. -*ēdum *s.* desroi 1346. -ēgem *s.* aloi 1331, roi 1349, loi 1356. -*egi *s.* roi 1355. -ētum *s.* secroi 1352, *a.* coi 1345. -ibe *imper.* boi 1333. -icitum *s.* esploit 1351. -ico (-*ico) *pr. i.* emploi 1342. -*icum *s.* esbanoi 1353. -idem *s.* foi 1339. -ideo *pr. i.* voi 1326. -*idum *s.* esfroi 1340. -igitum *s.* doit 1332. -iplo *pr. i.* aperchoi 1334. -osco *pr. i.* connoi 1354. -ui *nnm.* andoi 1348.

Männliche *ū*-Tiraden.

§ 194. Tir. 47 (2218—2248).

-*ūm *n. pr.* Artu 2223. -ult *pf. fu.* 2229. -ūtl (-*ūtí) *p. pf.* venu 2221, *s.* li menu 2237. -ūtum (-*ūtum) *p. pf., a., s.*

Männliche *an*-Tiraden.

§ 195. Tir. 36 (1653—81).

-andem *a.* grant 1656. -ando (-*ando) *ger.* -ante *praep.* avant 1677. -antem (-*antem) *a.* poissant 1662, *p. pr.* avenant 1655, *s* gaiant 1680. -*antí *p. pr.* demourant 1658, *s.* enfant 1633, *a.* poissant 1678. -antum *adv.* tant 1666. -entem le mien essiant 1663.

§ 196. Tir. 20 (959—992).

-ampos *s.* cans 988. -ancns *a.* frans 967. -andis *a.* grans 969. -ando + s *pr. i.* commans 986. -anguis *s.* sans 992. -anice *s.* roumans 968. -annos *s.* ans 963. -antem (-*antem) + s *p. pr., n. pr., a., s.* -antes (-*antes) *s.* -antos *pron. indef.* quans 982. -empus *s.* tans 964. Ueber tans, essiant 1663, serians cf. Schweigel a. a. O. § 139.

Männliche *en*-Tiraden.

§ 197. Tir. 7 (289-351).

-endit *pr. i.* entent 289. -enitum *a.* gent 303. -ente *adv.* liegement 291. -entem *s.* gent 295. -*enti *s.* parent 305. -entit *pr. i.* desment 308. -entum (-*entum) *s.* present 290, sairement 292, *num.* cent 320, *a.* dolent 304. -inde *adv.* souvent 306.

§ 198. Mischung von *an* und *en* begegnet nicht. —

3. Silbenzählung.

§ 199. Der ursprüngliche Nominativ d. Sg. der männlichen Substantiva auf *e* begegnet nicht. Er ist stets durch die secundäre Nominativform *-es* ersetzt.

§ 200. Neben der ursprünglichen Femininform der Adjektive, wie *grant* 106, 704 u. s. w., findet sich auch die sekundäre: *grande* 514, *tele* 1207, *grandes* 1288, *telement* 1712, *courtoizement* 2181 u. s. w.

§ 201. Vor dem *r* des Futurs der Verben der Stamm- und *e*-Conjugation erscheint ein *e* in: *vivera* 431, *avera* 497, *prendera* 724, *savera* 985, *metera* 1072, *croistera* 1398, *naistera* 1405, *vivera* 1407, *rendera* 2198 u. s. w. Ausnahmen: *ara* 435, *remanres* 534, *revenres* 590, *venres* 986 u. s. w. Das *e* im Futurum der *a*-Conjugation fehlt dagegen in *dourrons* 1285, 1288, *menra* 1844, *demorres* 2389.

§ 202. Die pikardische Form der ersten Person des Plural auf *-mes* begegnet nicht.

§ 203. Das *ie* der zweiten Person des Plural des Imperfekts und Conditionals gebraucht der Dichter einsilbig: *avies* 637, 1487; *cuidies* 645, *aries* 888, 900; *averies* 1488 (cf. § 187).

§ 204. Inlautendes *e* vor Vokal ist geschwunden in: *but* 492, *age* 1403, *armures* 1595, *vir* 837, 2153 u. s. w.; dagegen erhalten in: *vëoir* 474, 978, 1542, 2160; *beneïs* 1058, *sëurement*, *malëis* 1795, *bëu* 2240, *sëans* 989 u. s. w.

§ 205. *t'* statt *tu* findet sich in *t'aras but* 1334 und *t'en aras* 1550.

§ 206. Für unbetontes *nostre*, *vostre* tritt *no*, *vo* auf: *no* (o. m.) 267, *vo* (o. m.) 263, *vo* (n. f.) 347, *vo* (o. f.), *vo* n. pl. 1665.

§ 207. *c'a* = *qui a* 2167. —

Resumé.

Nachdem wir eine Darstellung des Metrums und der Sprache der Chanson de Godin sowie des Roman d'Auberon gegeben, bleibt noch übrig, das Verhältnis beider Dichtungen zu dem zweiten Dichter der Chanson d'Yde et Olive festzustellen.

Was das Metrum anlangt, so ist das des ersten Teils der Chanson de Godin und des Roman d'Auberon identisch mit dem des zweiten Teils der Chanson d'Yde et Olive, da alle drei Dichtungen bezüglich der Reihenschlüsse und Bindung der Verse dieselben Eigentümlichkeiten aufweisen, vergl. Schweigel's §§ 174—176 a. a. O. mit den §§ 57—63 u. 163—67 unserer Ausführungen.

Das Metrum des letzten Teils der Chanson de Godin aber unterscheidet sich wesentlich von dem genannter Dichtungen, indem in demselben lyrische Reihenschlüsse gänzlich fehlen und statt des Reimes Assonanz auftritt (cf. § 141).

In Bezug auf Sprache herrscht wieder Gleichheit zwischen dem 1. Teil der Chanson de Godin, dem Auberon und dem 2. Teil der Chanson d'Yde et Olive. Vgl. die §§ 64—140 und 168—207 unserer Ausführungen mit den §§ 177—193 der Chanson d'Yde et Olive.

Wie metrisch so weicht auch sprachlich der letzte Teil der Chanson de Godin von den übrigen Dichtungen ab; denn während für diese nasales *o* (cf. §§ 115, 189 und § 184 der Chanson d'Yde et Olive) und ferner scharfe Scheidung von *an* und *en* (cf. §§ 131, 198 und § 187 der Chanson d'Yde et Olive) charakteristisch war, tritt in diesem letzten Teile der Chanson de Godin nichtnasales *o* und Mischung von *an* mit *en* auf (cf. §§ 151, 153).

Somit machen es unsere Ausführungen wahrscheinlich, dass der erste Teil der Chanson de Godin, der Roman d'Auberon und der 2. Teil der Chanson d'Yde et Olive ein und demselben Verfasser zuzuschreiben sind und dass der Schluss der Chanson de Godin (18060—18947) einem andern Dichter angehört.

III. Inhaltsangabe der Chanson de Godin.

Vorbemerkung. Die Chanson von Huon de Bordeaux weist in der Turiner Hs L II 14 vier Fortsetzungen auf. Nachdem in den ersten dreien u. a. bereits die Schicksale von Huons Tochter und Enkelin erzählt sind, wird am Schlusse der dritten die Geburt seines Sohnes Godin erwähnt, den Esclarmonde empfängt, als sie mit Hugo sich zeitweilig aus dem Feenreiche nach Bordeaux begeben hat. Die Erlebnisse und Thaten Godins nun von seiner Taufe an schildert die vierte Fortsetzung.

Einleitung des Dichters: Der Dichter will die allgemein bekannten Erlebnisse und Thaten Huons — er giebt ein Résumé derselben — nicht wiederholen, sondern von dem Sohne desselben erzählen. 8424—46.

Nach einem kurzen Hinweis auf Huon, der nebst seiner Gemahlin Esclarmonde seit der Aussöhnung mit Karl in Ehren zu Bordeaux gelebt habe und König des Feenreiches geworden sei, wird uns die Taufe seines Sohnes geschildert, die unter grosser Freude bald nach der Geburt desselben (cf. 8582, 18092, 18427) um Ostern stattfand. Aus derselben hoben ihn drei Contour: der Graf von Blois, genannt Anfour, ferner

Aimeri und Godin de Monflour. Der Sohn erhält den Namen Godin. 8466.

An Stelle der Freude, die am Tauftage herrschte, sollte bald Traurigkeit treten, verursacht durch den Aumachour von Roches, der nach v. 8468 zugleich als Aumachour Yrorins betrachtet wird. (Yvorin war König von Monbrin und Bruder des von Huon einst getöteten Königs Gaudisse von Roches, des Vaters der Esclarmonde [cf. 8514, 8624, 8636]).

Der Aumachour von Roches landet in Bordeaux, als vor grosser Hitze Alles in tiefen Schlaf versunken ist, er findet im Palaste Huons den kleinen Godin, ergreift ihn und eilt mit ihm dem Schiffe zu, auf dem er gekommen und seine Mannen zurückgeblieben waren. Sogleich wird das Schiff zur Abfahrt gerüstet und ein günstiger Wind treibt sie von dannen gen Roches. Die Freude über Godin ist allgemein und alle, mitsamt dem Aumachour, huldigen ihm als dem Sohne der Esclarmonde, der Tochter ihres früheren Herrn Gaudisse. 8530.

Inzwischen hat Esclarmonde einen ahnungsvollen Traum. Es träumt ihr, dass ein Windhund im Begriffe sei, ihren Sohn zu erwürgen. Sie erwacht, von grossem Schrecken ergriffen, ruft ihre Kammerdienerinnen und befiehlt ihnen, ihren Sohn zu holen. Als diese ohne denselben zurückkommen und eine erzählt, dass er verschwunden, vermag sie die Thränen nicht zurückzuhalten. Ein Knappe setzt Huon davon in Kenntnis. Grosse Trauer befällt auch ihn, bis ihm plötzlich Klarheit über Godins Geschick zu teil wird. Sogleich begiebt er sich dann zur Königin, um ihr zu offenbaren, dass Godin mit dem Willen des Erlösers geraubt sei und dass er einst König von Roches und Soudant von Babilon werden würde. Nach solchen Worten bleibt keiner, der nicht Trost findet. 8604.

Der Aumachour und seine Mannen, die Godin aufs beste verpflegen, kommen in Roches an. Auch hier wird demselben die grösste Pflege zu teil und das ganze Volk samt den Söhnen des Aumachour Abel und Sorbrin huldigen ihm. Zur Feier des Tages werden Geschenke in Menge verteilt und ein Gastmahl findet statt, das bis Mitternacht dauert. 8742.

Mit Anbruch des folgenden Tages wird Godin drei Lehrern übergeben, die ihn zusammen mit Abel und Sorbrin unterweisen sollen. Jeder giebt sich beim Unterrichten die grösste Mühe, aber Godin übertraf sie bald im Wissen, da er zugleich von Malabrun unterrichtet wurde, den Huon ihm zur bessern

Ausbildung gesandt hatte. Als Malabrum sich seines Auftrages entledigt hat, macht er sich auf, zu Huon zurückzukehren. Godin und die Söhne des Aumachour mit sich nehmend, geht er an das Meer, legt seine Kleider ab, stürzt sich in die Fluten und schwimmt als Kobold zum grossen Erstaunen Godins und der beiden andern davon. Die Drei kehren dann zum Aumachour zurück, und Godin erzählt demselben die ganze Begebenheit. 8799.

Im Anschluss an die Erzählung über das Verschwinden Malabruns versichert der Aumachour Godin, dass er (Godin) einst Soudant von Babilon werden würde und giebt ihm weiter einige Ratschläge und Ermahnungen. Godin verspricht, solche zu befolgen und erklärt ausserdem, der Wohlthaten des Aumachour stets eingedenk zu sein. Dessen Söhne will er stets in Ehren halten. 8872.

Von Malabrun hat Godin erfahren, dass in Roches ein Verräter sei, der mit seiner ganzen Verwandtschaft ihn hasse. Der Name desselben ist ihm unbekannt und er thut daher angesichts seiner Barone das Gelübde, den zu vernichten, der sich des Verrats schuldig mache. Der Aumachour warnt und fordert zum Gehorsam gegen Godin auf. Alle sind bereit, der Aufforderung zu folgen mit Ausnahme eines einzigen, des Verräters, der so rasch als möglich seiner Herberge zueilt, um daselbst im Geheimen mit seinen Freunden und Verwandten Rat zu halten der vermeintlichen Schande wegen, die ihnen durch Godin zugefügt sei. Der Verräter, der sich bislang als tüchtigen Ritter bewiesen und deshalb bei dem Aumachour in Ansehen stand, hiess Seguin. Er stammte aus Vimer und war einer der vier Söhne des durch Huelin wegen Verrats hingerichteten Gibouart, die, weil von Karl verfolgt, nach Roches ausgewandert waren. Seine Brüder hiessen Renier, Rohart und Garnier. Etwa zwanzig Vettern (cf. deren Namen v. 14880 ff.) besitzen dieselben und mancher Knappe hat sich ihrer Sippschaft angeschlossen. 8924.

Die Verräter sind beratend zusammengekommen und stimmen wider Renier's Willen für den Tod Godins. Waffen, Rüstungen und Pferde werden zusammengebracht, und die ganze Sippschaft rüstet sich. 9117.

Auf Vorschlag Roharts soll auch Yvorin gegen Godin gewonnen werden. Man hofft solches durch Vorgeben, Godin wolle ihn seines Landes berauben, zu erreichen. Rohart selber bricht in Begleitung seiner Vettern Soibaut, Achart und Herquenbaut nach Monbrin (Monbranc 9141, 18528) auf (9180).

Nach vierzehn Tagen kommen sie dort an, im Palaste daselbst Yvorin mit dem König Mandaquin beim Schachspiel antreffend. 9187.

Rohart begrüsst sie, bringt seine Anklage gegen Godin und den Aumachour vor und fordert zum Kampfe gegen Yvorin auf. 9271.

Yvorin beachtet Rohart nicht. 9272. Erst als Rohart über diese Zurückhaltung beleidigende Aeusserungen macht, antwortet Yvorin mit einem „Tais glous", ihm dabei einen Läufer vom Schachspiel ins Gesicht schleudernd. 9285. Achart zieht nun sogleich das Schwert und hätte Yvorin getödtet, wenn nicht Rohart selber ihn zurückgehalten hätte. 9301.

Als Achart nunmehr seiner bösen Absicht wegen den König Yvorin um Gnade angeht, wird er von einem Heiden Saligant, aus Persien gebürtig, angegriffen und beinahe getödtet. 9307. Soibaut kommt seinem Bruder (cf. 9371) zu Hilfe und erschlägt den Perser. 9316. Das ganze Volk gerät darüber in Aufregung, und es würde Rohart und Genossen schlecht ergangen sein, wenn dem Volke nicht durch Verschliessen der Thüren der Zutritt zu dem Schlosse versperrt worden wäre. 9334. Rohart erneuert seine Anklage gegen Godin und bietet Yvorin zum Kampfe gegen denselben im Namen Seguins (seines Bruders) Hilfe an, sich zugleich über seine schlechte Aufnahme in Monbrin beklagend. 9361. Das Recht Soibauts, den Heiden zu tödten, erbietet er sich ferner durch das Schwert zu beweisen. 9377. Salacre, ein Neffe Saligants, von der Unschuld dieses seines Onkels überzeugt, ist bereit, mit Rohart zu kämpfen. Kampf. Nach längerem Ringen fällt Salacre, während Rohart mit einigen Wunden davonkommt. 9618. Yvorin lässt Rohart nun grosse Ehre widerfahren. Er entbietet ihm Gruss und Freundschaft und lässt ihn in den Palast kommen, wo ihm die grösste Pflege zu teil wird. 9692. Soibaut, den man während des Zweikampfes im Gefängnis gehalten hat, ist wieder frei und verlangt, dass Salacre, der ihm wie seinen Vettern Verrat untergeschoben habe, öffentlich ausgehangen würde. Yvorin kommt der Forderung nach und lässt Salacre durch einen Perser Ropain Popeliquant aushängen. 9738. In der Nacht wird derselbe jedoch von zweien seiner Vettern Halpon und Sarsapon geholt und mit Saligant nach Valbete geschafft. Bestattung der beiden Todten. 9794. Sarsapon und Halpon beschliessen, sich an Rohart zu rächen. Man will sich auf dem Haag (a la haie) in einen Hinterhalt legen und jenen bei seiner

Rückkehr nach Roches überfallen. Ein Spion wird nach Monbrin abgeschickt. 9821.

Rohart ist in Roches von seinen Wunden geheilt und freut sich samt den Seinigen der grössten Gunst und Achtung Yvorins, der nun auch zur Verfolgung Godins seine Einwilligung giebt. Um Seguin hiervon in Kenntnis zu setzen, rüstet Rohart zum Aufbruch. Einen Ueberfall seitens Sarsapon ahnend, erbittet er sich hundert Mann (soudoyer) Begleitung, die Yvorin ihm bereitwilligst zur Verfügung stellt. Heimlich bricht man auf. 9952.

Dem Spion, welcher von Valbete nach Monbrin gekommen war, sind Roharts Vorbereitungen zum Aufbruch bekannt geworden, er hat Sarsapon und Halpon davon in Kenntnis gesetzt und diese haben sich sofort auf dem Haag in den Hinterhalt gelegt. 9990.

Der Hinterhalt bleibt Rohart jedoch nicht verborgen. Ein Koch, der von ihm zur Bereitung eines Mahles nach dem Schloss Montigris vorausgeschickt war, hat Sarsapon mit seinen Gefährten bemerkt und Rohart ohne Verzug Mitteilung davon gemacht. Dieser lässt die Seinen aufs beste rüsten, des Angriffes gewärtig, erreichen sie den Haag, wo sie bei ihrem Erscheinen sofort zum Kampfe herausgefordert werden, der, nachdem lange Zeit auf beiden Seiten mit gleichem Erfolg gekämpft wurde, mit der Niederlage derer von Valbete endet. Mancher brave Ritter ist verwundet oder gefallen. Halpon und Sarsapon haben beide den Tod erlitten, der erstere ist von Rohart, der andere von Soibaut getödtet und ein Vetter jener beiden namens Aquilant ist unter den Streichen Herquenbauts gefallen. Nach dem Tode Sarsapons ziehen die von Valbete sich zurück, von Rohart und seinen Genossen verfolgt. 10272.

Bald kehrt Rohart zum Schlachtfelde zurück, verteilt die eroberten Waffen und Pferde unter die Soudoyer und lässt alsdann die Todten bestatten, unter denen sich auch einer seiner Verwandten Henri befindet, der von Halpon erschlagen war. 10288.

Darauf wird ein Koch zur Bereitung eines Mahles nach Montigris vorausgeschickt. 10300.

Rohart lässt noch Soibauts Wunden, die er bei Valbete erhalten hatte, verbinden und bricht dann nach Montigris auf, das er nach einem Tagemarsch erreicht. Die Soudoyer sind ihm dahin gefolgt, um jedoch andern Tags nach Monbrin zurückzukehren, wo sie ihrem Herrn von dem stattgehabten Kampfe Bericht erstatten. 10358.

Rohart aber bleibt volle acht Tage in Montigris, während welcher Zeit Soibaut von seinen Wunden geheilt wird. Dann bricht man nach Roches auf. Nach 12 Tagen kommen sie in einem Walde unweit Roches an. Von hier schickt Rohart seinen Vetter Baudri an Seguin und Genossen, um ihnen von seinen Erfolgen bei Yvorin zu berichten, sowie sie zu bitten, am folgenden Morgen in Plassëis zu erscheinen. Rohart selber wendet sich dahin. 10413.

Baudri führt seinen Auftrag aus, und die Brüder Roharts kommen andern Tags in Plassëis an. Es wird beraten, wie man gegen Godin vorgehen will. Rohart schlägt vor, alle Verwandten, deren wohl mehr als hundert in Roches seien, zu bewaffnen und nach Plassëis zu legen, um von da aus Godin auf der Jagd zu überfallen. Mit Ausnahme von Renier stimmen dem alle bei. 10551.

Seguin lässt den Seinen entbieten, nach Plassëis zu kommen und teilt ihnen daselbst die Absichten und Beschlüsse in Bezug auf die Verfolgung Godins mit; dieselben finden allgemeine Billigung. Ein Spion namens Henri wird zur Beobachtung Godins nach Roches geschickt. Dort angekommen, erzählt er Godin von einem Eber, den er im Walde von Witevent (10665; später immer: Hurtevent 10676 etc.) gesehen habe. Godin beschliesst, zur Jagd auszuziehen (10597). In der Nacht aber hat er einen warnenden Traum (10623). Godin erzählte denselben Abel und Sorbrin und hält mit ihnen Rat (10626). Man beschliesst, trotz des Traumes zu jagen, zugleich aber eine bewaffnete Begleitung von 100 Mann mitzunehmen. 16634.

Henris Verwunderung über die bewaffnete Mannschaft, die er für überflüssig erklärt. 10647.

Henri selber bewaffnet sich auf Wunsch Godins, schickt aber zu gleicher Zeit heimlich einen seiner Söhne (Gui 10672) nach Plassëis, um dort Godins Pläne und Absichten zu verraten. 10667. Henri ist Onkel Seguins und Vater von Hachin, Lohier, Harpin und Gui 10677.

Gui kommt in Plassëis an, entledigt sich seines Auftrages und zieht mit den Verrätern zur Verfolgung Godins in den Wald von Witevent. Die Zahl der Verräter beläuft sich auf 700. Davon brechen Garin, Rohart, Renier und Seguin mit je 100 Mann nach Witevent auf, während 300, darunter Soibaut, Herquenbaut und Achart zur Verteidigung von Plassëis zurückbleiben. 10730.

Unterdess sind Henri und drei seiner Söhne mit ihren Knappen im Begriffe, Godin zur Jagd zu begleiten, nur um ihn zu verraten. In Witevent angekommen, beginnt man die Jagd. Gross ist Henris Rührigkeit und der Lärm, den er erhebt, nur um Seguins Aufmerksamkeit zu erwecken. 10797. Ein Sechzehnender wird sichtbar, um so grösser der Lärm, den Henri mit seinen Söhnen erhebt. Von ihrem Lärmen und Toben wiederhallt der ganze Wald. Seguin hört es und kommt heran. Der Hirsch aber verlässt gegen Seguins Wunsch den Wald und läuft, Godin erblickend, auf diesen zu, ihn solange umkreisend, bis er von den Hunden zu Boden gerissen wird. Godin kommt nun heran, um ihn mit dem Schwerte völlig zur Strecke zu bringen. Doch in demselben Augenblicke öffnet sich die Erde, dem Hirsche Aufnahme und Schutz gewährend. Godin aber werden die Worte zugerufen: Hüte Dich Godin, denn heute wirst Du ohne Lüge Schmerz zu erdulden haben. 10847.

Godin teilt seinen Leuten jene Begebenheit mit; niemand aber ist darunter, der auf seine Nachfrage ihm anzugeben weiss, wer gegen ihn Uebeles im Schilde führe. Alle versichern ihn ihres Gehorsams. 10896.

Inzwischen hat Henri samt Genossen sich mit den Verrätern verbunden, die bereits gegen Godin vorrücken. 10905. Godin gewahrt sie und giebt seiner Hoffnung Ausdruck, den Uebermut derselben zu beugen. 10937. Auf Vorschlag eines Heiden Cornëu(m) soll der Aumachour von Roches zu Hilfe gerufen werden. Abel, Sorbrin und Pinel (ein Vetter des Aumachour), die man nacheinander auffordert, die Botschaft zu verrichten, wollen lieber kämpfen und bitten Godin, einen andern nach Roches zu senden. 11027. Cornëu endlich ist zur Verrichtung der Botschaft bereit, will aber zuvor Beweise seiner Tapferkeit liefern. Dazu soll ihm alsbald Gelegenheit geboten werden; denn Garin ist herangekommen und eröffnet den Kampf. Kampf. 11344.

Während desselben macht sich Cornëu auf, den Aumachour von Roches herbeizurufen. Auf dem Wege dahin trifft er Dinot, einen Neffen des Aumachour (Dinot war der Sohn der Livina, der Schwester des Aumachour 11380), dessen Schloss in der Nähe lag. Cornëu erzählt ihm, was sich bei Witevent ereignet hat und setzt seinen Weg nach Roches fort. Dinot aber lässt rüsten und begiebt sich, von seinen Brüdern Cadot und Brustant, sowie 32 Mann begleitet, nach Witevent, um Godin Hilfe zu leisten. Dort angelangt, kommen sie mit Seguin aneinander. Kampf. 11608.

Unterdess kämpfen Godin, Sorbrin, Abel und Pinel mit Rohart. 11637.

Cornëu hat die Botschaft an den Aumachour verrichtet, und dieser trifft mit XM Mann in Witevent ein. 11707. Die Verräter erblicken ihn zuerst und ziehen sich, Gautier (Vetter Seguins 11213) und Hernaut (Schwager Seguins; Hernaut hatte Seguins Schwester Thyefaimie zur Frau cf. 11301, 12760, seine Söhne sind Hermer, Brun, Bos 11304), die im Kampfe gefallen waren, mit sich nehmend, nach Plassëis zurück. 11765. Godin sammelt die Seinen, die bis auf 36 zusammengeschmolzen sind. Seine Thränen um den schwer verwundeten Sorbrin. Man schwört Rache. 11797.

Dinot mit seiner nur noch 8 Mann zählenden Schar nähert sich ihnen. Begrüssung. Godins Trauer über Cadot, der den Tod erlitt. 11814.

Man gewahrt den Aumachour. Grosse Freude darob. 11841. Schmerz des Aumachour über die Todten und Verwundeten. Erzählung von dem, was sich bei Witevent ereignet hat. 11934.

Man sammelt die Todten und bricht, dieselben mitnehmend, auf nach Roches. In Dinots Schlos Biauclos (11055) macht man halt, um die Todten zu verbinden. 12012.

Die Verräter sind in Plassëis angekommen. Trauer um Gautier und Hernaut. Bestattung derselben. Pflege der Verwundeten. 12070.

Seguin hält wieder Rat und man beschliesst gegen Reniers Willen die weitere Verfolgung Godins. Turpin, ein Vetter Seguins, wird als Spion nach Roches geschickt, wo er bei einem Bürger Unterkunft findet. 12164.

Der Aumachour hat inzwischen Biauclos verlassen und sich nach Roches begeben. Bestattung der Todten daselbst und Pflege der Verwundeten. Sobald diese geheilt sind, will man Plassëis besetzen. 12220. Turpin, von dieser Absicht unterrichtet, hinterbringt sie sogleich den Verrätern. 12230.

Rohart ist darüber sehr aufgebracht und erbittet sich von Seguin 300 Mann, um mit ihnen Godins Lager zu verwüsten und die Bewohner zu vernichten. Seguin gewährt ihm seine Bitte und Rohart bricht in der nächsten Nacht mit seinen Mannen auf. 12314. Mit Anbruch des folgenden Tages erreichen sie auf einer Anhöhe ein Schloss, Gornant gehörig, der sich im Kriege mit Dragoulant befand, dem er eins seiner Kinder, seinen Sohn Rogant (12434) getödtet hatte. Rohart hat grosses Verlangen nach dem Schloss, vermag es jedoch nicht zu nehmen, da es zu sehr befestigt ist. 12346. Er zieht weiter und kommt nach Carcamica, einer Stadt, die auf demselben Abhange gelegen ist und ebenfalls Gornant gehört.

Dieselbe ist unverschlossen. Ohne Mühe bemächtigt er sich daher der Reichtümer und steckt dieselbe in Brand. Gornant ist sehr bekümmert, Dragoulant, den er für den Zerstörer hält, fluchend und Rache schwörend. 12392.

Rohart ist wieder weiter gezogen. Vier Windmühlen, an die er gelangt, werden geplündert und in Asche gelegt. 12403. Dann verlässt man die Höhe und kommt an ein Schloss Fortin, das, auf einem Moore gelegen, derart befestigt ist, dass es mit Gewalt nicht genommen werden kann. 1241. Von zwei Rittern, die des Wegs daher kommen, erfährt Rohart auf seine Nachfrage, dass es Dragoulant gehöre, der sich im Parc mit seinen Rittern befinde, wohin zu kommen er seinen Freunden und so auch ihnen entboten habe, damit sie ihm im Kriege gegen Gornant Hilfe leisteten. Rohart gelüstet nach dem Schlosse sehr. Er will dasselbe erobern und verlangt die Hilfe der beiden. Als diese erklären, dass eine Eroberung unmöglich, da es von 60 Mann besetzt sei, befiehlt er, sie zu tödten. Der eine aber entkommt auf schellem Rosse, während der andere ergriffen wird. 12471.

Diesen geht Rohart nochmals um seine Mitwirkung zur Eroberung des Schlosses an; derselbe erklärt jedoch, dass kein Bewaffneter Zutritt haben werde. Da ersinnt Rohart eine List. Mit Soybaut, Herquenbaut, Achart und zwölf Rittern will er sich entwaffnen und so um Einlass bitten. Sobald er solchen erhalten, soll Baudri herbeikommen und den neben dem Schlosse sich befindenden Weiler in Brand stecken. Der Kastellan würde alsdann meinen, Gornant sei der Uebeltäter und ihre ihm anzubietende Hilfe gegen denselben annehmen. Der Plan gelangt zur Ausführung. Rohart und seine Getreuen erhalten Zutritt und werden von dem nichts Böses ahnenden Kastellan, der Brunot heisst, aufs freundlichste empfangen und bewirtet. Baudri steckt nun den Weiler in Brand und im Schlosse hält man in der That Gornant für den Anstifter all des Unheils. Die Verräter bieten Brunot ihre Hilfe an. Derselbe nimmt die Hilfe an und versieht die Verräter mit Waffen und Pferden. 12567. Auf Roharts Vorschlag zieht man in folgender Reihenfolge zum Thor hinaus. Soibaut, der den Kampf beginnen soll, zuerst, dann Herquenbaut und hinter diesem Brunot mit je 20 Mann. Rohart mit Achart und den übrigen Verrätern verlässt zuletzt das Schloss, den Portier tödtend und die Thür verriegelnd. 12583.

Brunot geht mit den Seinen ins Feuer und hebt sogleich Baudri aus dem Sattel. Herquenbaut, das sehend, geht auf Brunot los und schlägt ihn dermassen, dass das Blut aus dem

Kopfe hervorsprudelt. Als dieser darüber sein Verwundern ausdrückt, erklärt Herquenbaut, dass man ihn hintergangen habe, dass Baudri und seine Begleiter ihre Freunde seien und dass er nunmehr des Schlosses verlustig gehe. Dabei schlägt er von neuem auf Brunot ein, der ihm aber Widerstand leistet, bis die Verräter eine Verstärkung von 200 Mann erhalten. Vor dieser Ueberzahl zieht sich Brunot zurück, und die Verräter schliessen sich in Fortin ein. 12685.

Nicht lange bleibt Rohart in Ruhe. Nachdem die Verwundeten verbunden und alles sich durch Speise und Trank gestärkt hat, bricht er, Fortin der Hut Soibauts und Herquenbauts überlassend, mit 20 $\times$ 14 Mann auf. 12699. Er richtet seine Schritte auf ein Schloss Dragoulants, das ihm auf seine Nachfrage der vor Fortin gefangen genommene Knappe als den nächsten Ort bezeichnet. Sie erreichen den Weiler des Schlosses und stecken ihn — zu plündern giebt es nichts, da Brunot alles, was an Hab und Gut vorhanden gewesen war, nach dem Schlosse in Sicherheit gebracht hatte — in Brand und setzen den Weg nach dem nahen Schlosse fort, dort den Portier um Zutritt bittend.

Brunot erscheint am Thore, verflucht die Verräter und droht damit, dass Godin und Dragoulant einst Vergeltung üben würden. 12738. Rohart, sich des Beistandes Yvorin's rühmend, sucht seine Freundschaft zu gewinnen, ihm zugleich seine Schwester Thyefainne (Gemahlin des † Hernaut 12760) zur Frau anbietend. Brunot geht nicht darauf ein und Rohart zieht sich zurück nach Plassëis. Dörfer und Städte, wie Largon (12804), Pouchiaus (12855) und Valca (12817), die man auf dem Wege dahin antrifft, werden geplündert und in Flammen gesetzt und so kommt man mit reicher Beute in Plassëis an. 12827. Hier werden die Einzelheiten des Eroberungszuges berichtet. 12858.

Der gefangen genommene Knappe ist mit nach Plassëis gebracht und hat in einem Turm ein Unterkommen gefunden. 12868. Sein Gefährte, dem es gelang, zu entkommen, heisst Bruiant und ist ein Bruder Brunots (12896). Derselbe hat seinen Weg nach dem Parc fortgesetzt, den er jedoch nicht, ohne auf Hindernisse zu stossen, erreichen soll. Bei Carcamica gewahrt ihn von seinem Schlosse aus Gornant. Er hält ihn für einen Spion Dragoulants und lässt, da dieser ihm noch immer für den Anstifter der Verwüstungen, die er während des Waffenstillstandes begangen habe, gilt, Bruiant gefangen nehmen und auf das Schloss bringen, wo er aber auf freien Fuss gesetzt wird, sobald Gornant durch ihn die Ueberzeugung gewonnen hat, dass nicht Dragoulant, sondern Rohart all das Unheil angerichtet habe. 12978.

Bruiant kommt nach diesem Hindernis ohne Verzug nach dem Parc, daselbst seine Erlebnisse mit Rohart berichtend. Dragoulant hält sogleich Rat mit seinen Rittern und auf Vorschlag seines Onkels Gurtant soll der Waffenstillstand mit Gornant verlängert und dieser selbst zur Hilfe gegen Rohart aufgefordert werden. 13010. Jetzt trifft auch Brunot mit zwei Rittern im Parc ein und berichtet seine Erlebnisse mit Rohart. 13037. Dem Vorschlage Gurtants stimmen alle bei und ein Bote wird an Gornant abgeschickt. Auch Felis (dem Pins gehört) und Gaildon, einem Neffen Gurtants, lässt man entbieten, zur Hilfe gegen die Verräter nach dem Parc zu kommen. Alle drei sagen ihre Hilfe zu und bald kommen Gaildon und Felis, der Pin der Hut Matifets überlässt, im Parc an. 13127. Nach Ankunft der beiden ordnet Dragoulant das Heer und dann bricht man nach Plassëis auf. Felis mit 200 Mann marschiert an der Spitze, ihm folgten Guitant mit 80 Mann und Gaidon mit seinen Getreuen; den Schluss bildet Dragoulant mit 120 Mann. Brunot bleibt mit 30 Mann zum Schutze des Schlosses zurück. 13161.

Rohart ist inzwischen von Plasësis mit 320 Mann wieder aufgebrochen. Sechs Dörfer sind wieder ein Raub der Flammen geworden, ihre Bewohner getödtet und die Schätze genommen. 13176. Fünf Meilen vor Plassëis, gerade als Rohart und die Verräter im Begriffe sind, einen Weiler in Brand zu stecken, treffen Dragoulant und seine Gefährten mit ihnen zusammen, und ein heftiger Kampf entbrennt. Auf der einen Seite kämpfen Felis (Phelis), Gurtant, Gaidon und Dragoulant samt Gefährten, auf der anderen Hachin, Rohart, Brun, Bos, Baudri, Gui und Genossen. Bernart, ein Verwandter Roharts, ferner Felis und ein Heide Bastors erleiden dabei u. a. den Tod, während Gurtant und Gaidon verwundet das Schlachtfeld verlassen müssen. Letzterem schliessen sich über 100 von seinen Mannen an. 13585. Dragoulaut hat nun einen schweren Stand und übel würde es ihm ergangen sein, wenn ihm nicht Hilfe in Gornaut erschienen wäre. 13611.

Gornant ist von Carcamica nach dem Parc gekommen, als Dragoulant mit seinen Freunden bereits nach Plassëis sich begeben hatte. Unverzüglich macht er sich nun ebenfalls dahin auf. Er trifft unterwegs Gaidon und die 100 Flüchtlinge. Ueber den ersteren von Mitleid erfüllt, hat er für diese nur Schimpf und Schmach. Er zwingt sie zur

Umkehr und führt sie, den Seinen vorauf, in den Kampf zurück. Heftige Schläge werden noch mit den Verrätern gewechselt, wobei u. a. noch ein Bruder Gornants, namens Thiope fällt. Der Kampf endet zu Gunsten der Verräter, denn Dragoulant und Gornant ergreifen die Flucht. 13805.

Die Verräter begraben ihre Todten ausser Bernart und ziehen, diesen mit sich nehmend, nach Plasseïs. Dort Erzählung der Erlebnisse und Bestattung Bernarts. 13873.

Dragoulant ist im Parc angekommen. 13889.

Gornant ist über Hurtevent (Witevent) und Biauclos nach Roches gegangen, um Godins Hilfe gegen Rohart einzuholen. Derselbe willfahrtet seiner Bitte und lässt den Aumachour andern Tags nach Plasseïs aufbrechen. Turpin, der wieder als Spion in Roches weilt, erhält davon Kunde und eilt, den Verrätern alles zu hinterbringen. Er kommt in Plasseïs an, gerade als Rohart im Begriff ist, einen neuen Plünderungszug zu unternehmen. Bei den Nachrichten Turpins bleibt er nun zurück, um den Aumachour zu erwarten. 14027.

Der Aumachour kommt über Witevent vor Plasseïs an und lässt dasselbe besetzen. 14056. Gornant, der mitgekommen ist, macht mit 400 Mann Begleitung einen Abstecher nach dem Schlachtfelde, das er den Tag zuvor hatte räumen müssen. Dort Bestattung der Todten ausser Thiope und Felis. Der letztere wird zur Bestattung zum Parc geschickt, während Thiope nach Gornants Schloss mitgenommen wird, wohin er sich jetzt wendet. Er verweilt auf seinem Schlosse einen Tag und begiebt sich, die Verwundeten zurücklassend, mit einer um 150 Mann verstärkten Schar nach Plasseïs zurück. Vierzehn Tage nach seiner Ankunft wird der Versuch gemacht, das Schloss zu nehmen. Jedoch ist alle Mühe vergebens. Man beschliesst daher, dasselbe durch Hunger zur Uebergabe zu zwingen. 14137. Doch da wird von Seiten der Verräter ein Ausfall gemacht. Die Verräter greifen Gornant an, ziehen sich aber vor dem herannahenden Aumachour zurück und erreichen mit Ausnahme von Rohart Plasseïs. Dieser gerät nun mit dem Aumachour aneinander. Rohart verwundet ihn, muss aber vor den heranstürmenden Mannen desselben die Flucht ergreifen. Diese setzen ihm nach und es gelingt Fernagus (cf. 14348), einem Verwandten Dragoulants, ihm nahe zu kommen. Rohart aber tödtet denselben und entkommt nach Fortin, daselbst von Soibaut und Herquenbaut bewillkommt. Ueber sein Entkommen ist der Aumachour untröstlich. 14388.

Die Verräter in Plassëis halten Rohart für todt und beschliessen, Soibaut solches verkünden zu lassen, sowie ihn zu ersuchen, den König Yvorin zu Hilfe zu rufen. Turpin wird mit einem diesbezüglichen Briefe nach Fortin gesandt. 14440. Sich über die Rettung Roharts freuend, verrichtet er daselbst seine Botschaft und Rohart erklärt sich bereit, den König Yvorin herbeizurufen. Turpin geht nach Plassëis zurück. 14459. In Plassëis entsteht bei Turpins Nachrichten, dass Rohart gerettet ist, grosse Verwunderung. 14466.

Rohart und Soibaut haben sich inzwischen nach Monbrin aufgemacht und gelangen nach 14 Tagen dort an. Yvorin verspricht Hilfe und lässt Rohart ganz besondere Ehre zu teil werden, indem er ihm die Tochter seines Vetters Mandaquin, des Königs von Montigris, die einzige Erbin desselben, zur Frau verschafft. Rohart heiratet und geniesst in Monbrin noch zehn Tage die Freuden der Ehe. 14563. Yvorin versammelt innerhalb dieser Zeit seine Barone, von denen die Grossherrn besonders erwähnt werden, (es sind das: Maudaquin, Crompart, Galafre v. Aufalerne und die Brüder Gibuin und Huimon; der erste ist von XVM, der zweite ebenfalls von XVM, der dritte von XM und die letzteren sind von XIIM Mann begleitet) und bricht, es war im Mai, nach Roches auf. Rohart nimmt seine Frau Linete und Yvorin, Galafre, Gibuin und Crompart je ihre Tochter, die einzigen Kinder, die dieselben besitzen, mit (um sie, wie wir später erfahren, an die Verräter zu verheiraten). Von Hass gegen Godin sind alle erfüllt, mit Ausnahme eines Heiden Murgant, der ein Neffe Saligants und ein Vetter Salatres ist. Derselbe begiebt sich zu seinen Verwandten nach Valbete und schickt von hier einen Boten an Godin, um ihn von Roharts Plänen in Kenntnis zu setzen. 14707.

Godin lässt alle Mannen des Landes rüsten und mit Hab und Gut nach Roches kommen, um hier Yvorin zu erwarten (14726). XXXM Mann waren alsbald in Roches versammelt. 14731. Zugleich sieht man sich bei Bondifer, dem Könige von Thunes, nach Hilfe um, die derselbe auch verspricht. 14755. Auch Murgant kommt zur Hilfe Godins von Valbete herbei. 14807. Yvorin ist in Plassëis eingetroffen, seine Tochter daselbst Seguin vermählend. 14814.

Murgants Ankunft in Roches. Dort Freude über dieselbe. 14856.

Yvorin giebt, wie auch an anderer Stelle schon gesagt, seine Tochter dem Seguin zur Frau. Aufzählung von Seguins

Verwandten: Seguin besitzt 3 Brüder, 6 Neffen und eine Unzahl Vettern. Die Namen der Brüder, die wir oben kennen lernten, sind nicht wieder aufgezählt. Seine Neffen sind die drei Söhne Gerarts, des Bruders von Huon: Gerart, Hervin und Aushier, ferner die drei Söhne Hernauts und der Thyefainne, deren Namen nicht wiederholt sind (cf. v. 11305). Von den Vettern sind nur die Cousins germains (20 an Zahl) aufgezählt: Hakin, Lohier, Harpin, Gui (Kinder Henris); Hernaut, Bernart, Baudri, Foucon, Beraut (alle Brüder 16538); Ivon, Hernaut, Sanson (14538); Suivin, Foucier, Sagon, Bertremix, Alliaume, Soibaut, Hachart, Herquenbaut. 14893.

Da Yvorin Seguin und seine grosse Verwandtschaft für ehrenwert hielt, gab er ihm seine noch nicht 15 Jahre alte Tochter Gaiete zur Frau. 14912. Auch die Töchter der Gross-Herren werden in Plasséis vermählt. Saudrine, die Tochter Galafre's, erhält Garin, Sadaisne, die Tochter des Königs, Crompart, Soibaut und Claudine, die Tochter Gibuins, Hachart zur Gemahlin. Drei Tage dauern die Hochzeitsfeierlichkeiten. Am vierten beginnt man die Belagerung von Roches. 14955. Godin macht einen Ausfall. Hartnäckiger Kampf, der mit der Gefangennahme Yvorins durch Godin endet. 15239. Godin begiebt sich nach Roches, während die Gegner sich nach ihren Zelten zurückziehen. 15292.

Yvorin, dem man anfangs in Roches eine schlechte Behandlung widerfahren lässt, erhält späterhin die ihm gebührende Pflege. 15413.

Seguin hält mit den Baronen Rat und man beschliesst, Turpin zum Auskundschaften nach Roches zu senden. Derselbe erhält dort Kunde von einer Botschaft Bondifers, durch die dieser innerhalb dreier Tage Godin Hilfe zusichert, und setzt Seguin und Genossen davon in Kenntnis. 15496.

Rüstungen und Vorbereitungen der Verräter zum bevorstehenden Kampf. 15573. Am Morgen des dritten Tages nach dem Eintreffen von Bondifer's Botschaft bricht auch Godin von Roches auf, um mit jenem zu gleicher Zeit einen Angriff auf die Feinde zu machen. 15593.

Bondifer kommt mit XVIM Mann herangezogen, Godin aus der Ferne bemerkend. 15601.

Auf Seiten der Verräter gewahrt Crompart Godins Ankunft zuerst. Er setzt durch ein Hornsignal Alle davon in Kenntnis und Alles rüstet. Inzwischen ist Dragoulant, der die Spitze von Godin's Heer bildet, nahe gekommen, die Schlacht durch einen Angriff auf Crompart eröffnend. 15626.

Während derselben ist auch Bondifer bei den Zelten angelangt. Kampf mit Garin und Galafre. 16096. Erwähnung von Bondifers Verwandtschaft. Er besass neben einer Menge Vettern und Neffen fünf Söhne: Senifer, Firnamu, Frapar, Fortune und Pinel. 16104. Die Schlacht gegen die Verräter dauert bis Sonnenuntergang. 16638.

Godin zieht sich alsdann nach Roches zurück. Beschluss, andern Tags zu neuem Kampfe auszuziehen, Pflege der Verwundeten, Bestattung Fortunes, Bondifers und hundert anderer im Tempel Tervagants. 16690.

Der Beschluss, andern Tags zu neuem Kampfe auszuziehen, soll jedoch nicht zur Ausführung kommen, da auf Seguins Ersuchen ein Waffenstillstand zustande kommt zur Bestattung der Gefallenen. 16820. Senifer wird König von Thunes und nimmt als solcher die Huldigungen entgegen. 16830.

Murgant benutzt den Waffenstillstand, um seine Verwandten Pinart, Salatiel, Betis und Matimant, die im Lager Seguins sich befinden, von dem Verrat, den dieser gegen Godin begangen hat, zu unterrichten und gewinnt sie für Godin. Sie folgen Murgant nach Roches und bitten daselbst um Gnade für Yvorin. 16910.

Nachdem Gurtant berichtet, wie die Verräter Yvorin hintergangen, ist Godin bereit, ihm zu verzeihen. Er lässt Yvorin aus dem Gefängnisse herbeiholen und Versöhnung beider findet statt. 16989. Die Verwandten von Salatiel, Pinnart, Betis und Matimant, 3000 an Zahl, werden andern Tags ebenfalls für Godin gewonnen und kommen mit Hab und Gut aus den Zelten nach Roches. 17018.

Nach Ablauf des Waffenstillstandes kommt es zu einer furchtbaren Schlacht, die morgens mit einem Kampfe zwischen Dragoulant und Huimon beginnt und erst mit Anbruch der Nacht ihr Ende erreicht. Godin zieht sich alsdann nach Roches zurück, während die Verräter ihren Zelten zueilen. 18087.

Der Dichter erklärt, nun von Huon, dem Vater Godins, erzählen zu wollen und giebt im Anschluss daran ein kurzes Resumé von den Lebensschicksalen des letzteren. 18088—98.

König Huon war in seinem Palaste zu Monmur mit Esclarmonde, seiner Gemahlin, mit den Feen Morghe, Gloriande, Marse, Sebille und mit Gloriant und Malabrun, seinen Vertrauten. Ihnen gegenüber erklärt Huon, seinem ihm vor zwanzig Jahren geraubten Sohne gegen die aus Frankreich vertriebene Nachkommenschaft Gibouarts binnen vier Tagen Hilfe leisten zu wollen. Zu diesem Zweck versammelt er seine

Unterthanen nach Monmur. Auf den Schall seines Hornes kommen dahin die von Ardane, von Ungarn und die aus dem Feenreiche, worunter St. Jorge, St. Domin und und St. Meurisse. Festliches Mahl, das bis Anbruch der Nacht dauert. 18165.

Folgenden Tags wünscht Huon sich mit den in Monmur versammelten Baronen (cM) vor die Thore von Roches, wo man in Zelten lagert. 18195. Beschreibung von Huons kostbarem Zelt. 18218.

In Roches ist man entsetzt ob des gewaltigen Heeres. Der Aumachour (in diesem 2. Teile der Chanson immer Amiral genannt) lässt rüsten und die Thore wohl bewachen. 18248. Godin, Sorbrin und Abel machen sich auf, um Kunde über die gewaltigen Heeresmassen einzuholen. 18270. Huon gewahrt sie und erkennt seinen Sohn, auch Malabrun erkennt ihn wieder. 18284.

Huon will den dreien etwas von seiner Macht, die Auberon ihm verliehen, zeigen, und äussert daher einen Wunsch: Bis auf zwanzig Klafter soll es ihnen vergönnt sein, heranzukommen. Dann aber sollen sie still stehen, als ob sie in Fesseln lägen. Der Wunsch geht alsbald in Erfüllung und zu ihrem grossen Schrecken werden die drei festgebannt. 18303.

Huon fügt ihnen danach noch einen weiteren Schrecken zu, indem er Malabrun, in ein ungestaltes Tier verwandelt, zu ihnen schickt, um sie herbei zu holen. Vergebliche Fluchtversuche jener vor dem vermeintlichen wilden Tiere. Malabrun, sich seiner Haut, durch die er verwandelt war, entledigend, tröstet sie endlich. Godin erkennt ihn nun wieder, trotzdem zehn Jahre verflossen waren, seit er ihn nicht sah. Auf Godin's Nachfrage nach dem Heere giebt Malabrun die erwünschte Auskunft. Malabrun fordert die drei auf, vor Huon zu erscheinen. Dieselben leisten der Aufforderung Folge und gelangen mit Malabrun in dem Zelte Huons an. 18403.

Rührende Begrüssung zwischen Vater und Sohn. 18443. Der Aumachour und der König Yvorin werden auf Huons Veranlassung herbeigeholt. Diese, wie die sie begleitenden Barone, finden gute Aufnahme und erklären Huons Wunsche gemäss, Christen werden zu wollen. Festlichkeiten. 18613. Während derselben trifft bei den Zelten ein Spion ein, der von den Verrätern nach Roches abgesandt war. Derselbe erhält von Clarimond Auskunft über das Heer und eilt, die Verräter davon in Kenntnis zu setzen. Diese beschliessen, über Ynde nach Afrika zu fliehen und setzen sich (500 Mann) dorthin in Bewegung. 18682.

Huon aber weiss durch Gottes Willen ihre Absichten. Er offenbart dieselben seinen Baronen und lässt die Verräter durch Godin, den Aumachour und Yvorin mit ihren Mannen verfolgen, ihnen zugleich versprechend, dass er jene zur Umkehr zwingen werde. 18706. Huon selbst wünscht sich alsbald nach dem Haten Perse in Balesgues, den die Verräter passieren müssen. 18719.

Die Verräter erblicken auf ihrer Flucht Huons Zelte. Sie erkennen dieselben, ziehen sich unverzüglich zurück und stossen nun auf den Aumachour und die übrigen, die zu ihrer Verfolgung ausgezogen waren. Kampf. Huon wünscht sich dahin, und alle, u. a. St. Jorge, St. Meurisse, St. Domin schlagen kräftig drein.

Aber auch Renier, Seguin und Rohart tödten manche von Godins Leuten. Godin zeichnet sich sehr aus. Vor den Augen seines Vaters erschlägt er den König Crompart, dann einen zweiten, einen dritten und einen vierten. Auch der Aumachour, sowie Yvorin, Sorbrin und Abel streiten wacker und verursachen den Verrätern grosse Verluste. Rohart fällt unter den Streichen St. Jorges. St. Meurisse streckt Seguin todt nieder und Godin würde Renier enthauptet haben, wenn nicht Huon statt dessen seine Gefangennahme angeraten hätte. Renier allein bleibt also auf Seiten der Verräter vor dem Tode bewahrt. 18813.

Huon zieht sich dann mit den Baronen in die Zelte zurück und wünscht sich darauf mit dem Heere nach Roches, wo alle Barone die Taufe empfangen. Auch Renier und der bislang im Gefängnis gewesene Herquenbaut nehmen dieselbe an und schwören dem Aumachour Treue. 18877.

Esclarmonde, die bislang mit Morghe, Marse, Sebile und Gloriande samt einer Menge von Jungfrauen in Monmur weilte, hat Sehnsucht nach ihrem Gemahl und wünscht sich zu ihm. Ihre Freude über ihren Sohn.

Huon und Esclarmonde verweilen zusammen noch acht Tage, um sich dann mit Godin, Abel und Sorbrin, sowie mit ihrem Gefolge nach Monmur zurück zu begeben. 18947. —

Vita.

Am 4. I. 1859 wurde ich, **Ferdinand Fricke**, luth. Confession, zu Bredelem (Prov. Hannover) geboren als Sohn des verstorbenen Hofbesitzers **Andreas Fricke** und dessen Ehefrau **Louise, geb. Rühe**. Den ersten Unterricht erhielt ich in der Volksschule meines Heimatdorfes. Von Ostern 1871 an besuchte ich die Realschule I. O. zu Goslar a/H. die ich Ostern 1881 mit dem Zeugnis der Reife verliess. Ich genügte darauf in Göttingen meiner Militärpflicht und widmete mich zunächst daselbst und seit Ostern 1889 in Marburg dem Studium der neueren Philologie. Im Sommer 1883 war ich zum Zwecke praktischer Erlernung des Neufranzösischen in Frankreich. Am 5. März 1891 bestand ich das Examen rigorosum.

Allen meinen akademischen Lehrern, insbesondere Herrn Professor Dr. E. Stengel, bin ich zu stetem Danke verpflichtet.